KB130485

새로운 삶의 시작

수용전념치료 ACT 7주 프로그램

Carissa Gustafson 저 | 조성근 · 유현경 · 조성우 공역

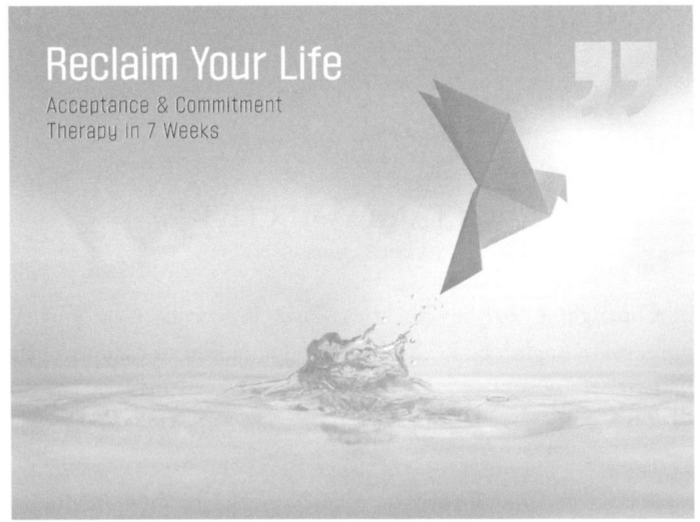

학지사

RECLAIM YOUR LIFE

by Carissa Gustafson

이 역서는 2022년 대한민국 교육부와 한국연구재단의 지원을 받아 수행된 연구임(NRF-2022S1A5A2A03050752)

말할 것이 없다고 생각하는 모든 사람에게,

당신의 목소리를 내어 표현하는 방법을 배우길 바랍니다.

역자 서문

수용전념치료(Acceptance and Commitment Therapy: ACT)는 비교적 최근에 개발되어 빠르게 성장하고 있는 심리치료법 중 하나이다. 이미 탄탄한 입지를 가진 주요 심리치료법들 사이에서, ACT가 후발 주자로 등장했음에도 불구하고 빠르게 성장할 수 있었던 이유는 무엇일까? 이는 이 책의 저자가 언급한 대로 ACT가 인간의 고통을 독특한 방식으로 다루기 때문이 아닐까 싶다. 상담을 찾는 이들은 주로 고통스러운 증상을 호소하며 내원한다. 이런 상황에서 상담자가 내담자의 고통 완화에 초점을 맞추는 것은 상식적인 수준에서 충분히 이해할 만하다. 그러나 ACT에서는 단순히 고통을 완화시키는 것보다는 고통이 자신이 중요하다고 생각하는 것을 추구하는 데 더 이상 방해가 되지 않도록, 이를 새로운 방식으로 다루는 데 초점을 맞춘다.

약 20여 년 전 미국 유학 당시, 이런 ACT의 접근 방식에 매료된 필자는 ACT에 대해 더 깊이 공부하기 시작했다. 한국에 돌아온 후, 많은 사람들로부터 ACT를 처음 접했을 때 핵심 개념을 이해하기 어렵거나, ACT가 좋은 건 알겠지만 이를 어떻게 적용할지 모르겠다고 불평하는 경우를 자주 듣게 되었다. 그나마 최근에는 ACT를 제대로 이해하고 쉽게 저술한 국내 저서들이 나와 사정이 보다 나아졌지만, 일반인을 대상으로 한 도서는 특히 국내에서는 쉽게 찾을 수 없었다. 그러던 중 이 책을 우연히 접하게 되었는데, 이 책은 특히 일반인을 대상으로, ACT의 핵심 원리를 쉽게 이해하고 실천할 수 있도록 구성되었다. 각 장에서 다루는 주제들은 삶에서 나타날 수 있는 다양한 어려움에 대처하고 변화를 이루기 위한 다양한 활동을 제시하여, 삶에서 ACT의 원리를 적용하는 데 도움이 될 것이다.

이 책의 출판을 허락해 주신 학지사 김진환 사장님과 편집 과정에서 많은 수고를 해 주신 편집부 유은정 과장님께 깊은 감사를 드린다. 또한 책 전체를 숙독하며 매끄럽게 교정해 준 양혜원 선생에게도 감사의 마음을 전한다. 마지막으로, 이 책을 통해 고통 가운데서도 자신이 중요하다고 생각하는 삶의 방향으로 한 걸음 나아가, 새로운 삶을 시작하는 계기가 되길 바란다.

2024년 2월

역자 대표 조성근

소개글 및 이 책을 사용하는 방법

나는 수용전념치료(ACT)와 같은 제3세대 인지행동치료를 전문으로 하는 공인임상심리학자이다. 나는 박사 과정의 일환으로 ACT에 대한 교육을 받았고, ACT의 주요 창시자 중 한 명인 스티븐 헤이즈(Steven C. Hayes) 및 로빈 왈서(Robyn Walser)와 같은 사람들로부터 정식 훈련도 받았다.

ACT는 인간의 고통(pain)과 괴로움(suffering)을 독특한 방식으로 다루는데, 이런 점 때문에 나는 ACT를 매우 좋아하게 되었다. ACT 모델에서는 고통을 보편적이고 정상적인 경험으로 보는 반면, 괴로움은 그렇지 않은 것으로 본다. 부처님께서도 "고통은 피할 수 없지만, 괴로움은 피할 수 있다."라고 말씀하셨다. ACT에서는 고통을 보편적이고 정상적인 경험으로 받아들이는 동시에, 자신의 가치에 따른 의미 있는 삶을 사는 데 초점을 맞춘다. 고통이 삶의 일부라는 관점은 많은 사람들에게 다소 실망감을 줄 수도 있겠지만, 한편으로는 해방감(liberating)을 줄 수도 있다. 당신이 잘못한 것은 없다. 당신은 그저 인간일 뿐이다! 만만치는 않겠지만, 인간의 경험 세계에 온 것을 환영한다. 비록 우리가 불행이나 다른 힘든 감정들에서 벗어날 수는 없겠지만, 부처님께서 말씀하신 것처럼 인간의 경험을 '만 가지 기쁨과 만 가지 슬픔'으로 받아들임으로써, 우리는 괴로움에서 해방되고 의미와 목적으로 가득 찬 삶을 향해 나아갈 수 있다.

ACT는 광범위한 연구를 통해 우울증, 불안, 강박장애(Obsessive-Compulsive Disorder: OCD), 정신증을 포함한 다양한 유형의 문제들에 효과가 있다고 밝혀졌다. ACT의 주요 구성 요소인 마음챙김은 스트레스 감소와 반추(우울증 및 불안과 관련된 순환적이고 비생산적인 생각) 감소를 포함하여 훨씬 더 광범위한 이점을 가지고 있다. 또한 마음챙김은 사람들이 보다 유연한 방식으로 현상에 대해 생각하고, 감정적인 반응을 줄이는 데 도움이 된다. 과연 이런 도움이 필요하지 않을 사람이 있을까?

다양한 정신건강 문제에 효과적인 ACT의 가장 큰 장점은 증상이나 증상 감소보다는 경험에 대처하는 방식을 바꾸는 데 초점을 맞춘다는 점이다. 예를 들어, 사람들은 괴로운 생각이나 감정과 같은 불편함을 경험하면 일반적으로 이를 피하려고 한다. 불편함을 피하는 것은 자연스러운 반응이지만, 종종 역효과를 불러오기도 한다. 예를 들어, 음주는 불편한 생각과 감정을 다루는 일반적인 방법이다. 지루하거나, 답답하거나, 짜증날 때 술 한잔할 수 있지 않는가? 술 한잔하는 게 그렇게 큰 문제가 되는가? 그러나 음주가 습관화되면 술을 남용하게 되어 더 많은 문제를 일으킬 수 있다. 친구나 가족과 멀어지거나, 건강상의 합병증이 생기거나, 자신의 생각과 감정을 건강하게 표현하는 방법을 배우지 못할 수도 있다. 약물 남용의 경우만 해당되는 것은 아니다. 예를 들어, 강박장애가 있는 사람은 세균이나 오염에 대한 두려움으로 인한 괴로움을 줄이기 위해 손 씻기와 같은 강박행동을 하지만, 결국 그로 인해 더 의미 있는 일을 하는 데 사용할 수 있는 시간을 매일 낭비하게 된다. 외상후 스트레스장애(Post-Traumatic Stress Disorder: PTSD)가 있는 사람은 트라우마와 관련된 생각 · 이미지 · 기억을 회피하는 경우가 많지만, 이런 행동은 종종 원치 않는 악몽과 플래시백(flashbacks)* 의 형태로 고통을 증가시키고 매우 좁고 제한된 생활을 초래할 수 있다. 사회불안장애가 있는 사람은 사회적 상황

* 역자 주: 과거에 경험했던 트라우마 사건이 지금 일어나고 있는 것처럼 느끼는 것을 말한다.

과 관련된 불편함을 피하면서도 사람들과 관계 맺는 것을 갈망한다. 이제 패턴이 보이기 시작하는가? 불편한 생각과 감정을 피하고자 하는 것은 이해할 만하지만, 그렇게 효과적이진 않다.

ACT에서는 생각과 감정을 바꾸기보다는 자신이 중요하다고 생각하는 것을 추구하는 데 더 이상 방해가 되지 않도록, 생각과 감정을 새로운 방식으로 다루는 것에 초점을 둔다. 예를 들어, 강박장애가 있는 사람은 강박적인 생각을 계속 경험할 수 있지만, 마음챙김 기술을 사용하면 그 생각으로 인해 괴로워하지 않으면서 그 생각을 알아차릴 수 있게 된다.

스트레스, 우울증, 불안, 약물 남용, 강박장애, 사회불안장애, 외상후 스트레스장애 등과 같은 문제로 어려움을 겪고 있거나, 더 건강한 방식으로 자신의 감정을 다루는 법을 배우고 싶다면 ACT는 분명히 도움이 될 것이다.

이 책의 제1부는 ACT를 처음 접하는 사람들을 위한 안내서로 구성되어 있다. 여기서는 ACT 모델에 대해 설명하고 6가지 핵심 과정을 소개하며, 당신이 ACT를 사용하는 방법을 이해할 수 있도록 도움을 줄 것이다. 제1부에서는 제2부에서 소개하는 7주 프로그램을 이해하는 데 필요한 토대를 제공할 것이다. 첫 6주는 ACT의 6가지 핵심 과정을 매주 한 가지씩 다룬다. 6주 동안, 생각은 생각일 뿐 현실이 아니라는 점, 곤경에서 벗어나는 방법, 지금 이 순간에 집중하기 위해 마음챙김을 사용하는 방법, 자신의 경험을 관찰하는 방법, 자신의 가치를 확인하는 방법, 행동에 옮기는 방법을 배우게 될 것이다. 7번째이자 마지막 주는 당신이 앞으로 계속 실천할 수 있도록 앞서 6주 동안 다룬 모든 것을 하나로 모으는 데 중점을 둔다. 핵심 과정을 다루는 첫 6주는 연습할 수 있는 활동들로 가득 차 있고, 자신을 되돌아보기 위한 질문들이 포함되어 있다. 시간을 내어 각 장을 읽고 매주 다양한 활동을 연습해 보자. 중간에 건너뛰고 싶은 마음이 들더라도 그러지 않도록 하자. 7주 프로그램을 통해 배운 내용을 이해하고, 인내심을 가지면서 변화에 필요한 시간을 갖기 바란다. 이 책에서 배우게 될 많은 전략들을 통해 자신의 경험을 새로운 방식으로 다루고, 충만한 삶을 향해 나아가는 방법을 배울 수 있을 것이다.

자, 이제 시작해 보자.

저자

Carissa Gustafson

차례

제1부

수용전념치료를 처음 접하는 이를 위한 안내서

제1부는 이 책에서 다루는 수용전념치료(ACT)에 익숙해질 수 있도록 도움을 줄 것이다. ACT를 발음할 때는 별도의 글자 'A-C-T'가 아닌 '액트'로 발음하길 바란다. 이는 ACT 자체가 행동의 중요성을 의미하기 때문이다. 무엇보다도 제1부에서는 ACT가 당신과 당신이 처한 특정 상황에서 어떻게 도움이 될 수 있는지에 대해 알아볼 것이다.

제1장

수용전념치료에 대한 모든 것

이 장에서는 ACT의 개요를 살펴본다. 여기에는 앞으로 다룰 7주 프로그램을 이해하는 데 필요한 토대를 제공할 ACT의 기원, 기본 이론, 효과를 지지하는 증거, 6가지 핵심 과정이 포함된다. 또한 치료적 접근법들 중에서 ACT가 갖는 독특한 특징이 무엇인지 알게 될 것이다.

ACT의 기원

ACT는 어디에서 유래했을까? ACT는 1980년대 중후반에 스티븐 헤이즈(Steven C. Hayes), 켈리 윌슨(Kelly Wilson), 커크 스트로살(Kirk Strosahl)에 의해 만들어진 비교적 새로운 치료법이다.

ACT는 인지행동주의적 전통에 속하는 심리치료 중 하나이다. 이 말은 무슨 뜻일까? 이 전통은 1960년대 아론 벡(Aaron T. Beck)이 개발한 인지행동치료(Cognitive Behavioral Therapy: CBT)로부터 시작되었다. CBT는 사람들이 자신에게 도움이 되지 않는 생각 패턴을 인식하고 의문을 제기하여 감정을 변화시키고 보다 건강한 행동을 하도록 돕는 데 중점을 둔다.

이는 생각이 기분에 영향을 미치고, 기분이 행동에 영향을 미치며, 행동이 기분에 영향을 미친다는 관점이다. 예를 들어, '난 재미없는 사람이니까 아무도 나와 친해지고 싶지 않을 거고, 나한테 관심 없을 거야.'라는 생각이 든다면, 아마도 울적한 기분이 들 것이고, 사람들과 어울리기 쉽지 않을 것이다. 하지만 '모든 사람이 나를 좋아하진 않겠지만, 나와 함께 있는 걸 좋아하는 사람들이 있어. 내가 그렇게 재미없는 게 아닐지도 몰라.'와 같이 그 생각에 의문을 제기하고 좀 더 현실적인 말을 스스로에게 한다면 어떨까? 어쩌면 기분이 좋아질 것이고 사람들과 더 어울리게 될 것이며, 이는 기분을 더 좋게 만들 것이다. 멋질 것 같지 않은가? 하지만 생각을 바꾸는 것이 항상 쉬운 것은 아니다. 사실 때로는 생각을 바꾸지 못하면 자신에게 뭔가 문제가 있는 것처럼 느껴져서 자신에 대해 더 나쁘게 느끼거나 자신의 처지에 대해 더 절망감을 느낄 수도 있다. 그러나 다른 해결책이 있다. 그것은 바로 '수용'이다.

ACT 한 눈에 보기

ACT는 생각을 바꾸는 데 초점을 두기보다는, 수용과 마음챙김 전략을 사용하여 생각의 유연성을 높이는 데 초점을 둔다. ACT를 사용하면 생각은 절대적인 진실이 아니라 자신이 만들어 낸 이야기일 뿐이라는 것을 알아차릴 수 있다. 다음에 나오는 생각을 살펴보고 ACT를 사용하면 어떻게 다르게 접근할 수 있는지 자세히 알아보자.

'난 재미없는 사람이니까 아무도 나와 친해지고 싶지 않을 거고,
나한테 관심 없을 거야.'

ACT에서는 생각을 바꾸려고 하기보다는 이 생각을 하나의 정신적 사건으로 알아차리도록 요구한다. 이 생각을 받아들이거나 믿을 필요는 없다. 이 생각은 단지 생각일 뿐이며, 가끔은 이런 생각을 하는 것도 괜찮다. 왜냐하면 인간이라면 누구나 그렇기 때문이다.

ACT에서는 사람들이 자신의 삶에서 의미 있고 중요한 것들을 실제 행동으로 옮길 수 있도록, 그러한 행동에 전념하는 방법과 행동 변화 전략을 활용하는 방법을 제공한다. 예를 들어, 다른 사람들과 어울리는 것이 자신에게 의미 있고 중요한 사람은 사람들과 어울리는 데 전념할 것이다.

다음 그림은 사람들이 자신의 생각이 단지 생각일 뿐이라는 것을 알아차리기보다 생각을 그대로 믿을 때 어떤 일이 발생하는지 보여 준다. 마음이 들려 주는 이야기를 그대로 믿으면, 매우 경직되거나 고착되거나 융통성 없는 생각을 하게 되고 행동도 비슷하게 제한될 수 있다. 결과적으로, 사람들은 자신이 원하고 더 많은 성취감을 줄 수 있는 방향으로 나아가는 것을 멈추게 된다. 만약 '난 재미없는 사람이니까 아무도 나와 친해지고 싶지 않을 거고, 나한테 관심 없을 거야.'라는 생각을 굳게 믿는다면, 혼자 지내는 시간이 많아지고 이로 인해 곤경에 빠지게 될 것이다. 하지만 이런 생각은 믿을 필요도

없고, 생각이 행동을 좌지우지하거나 통제하도록 내버려 둘 필요도 없다. 설명한 것처럼 이런 생각을 하나의 정신적 사건으로 알아차리고, 이런 생각을 하면서도 사람들과 어울리면서 더 충만하고 의미 있는 삶을 사는 것을 선택할 수 있다.

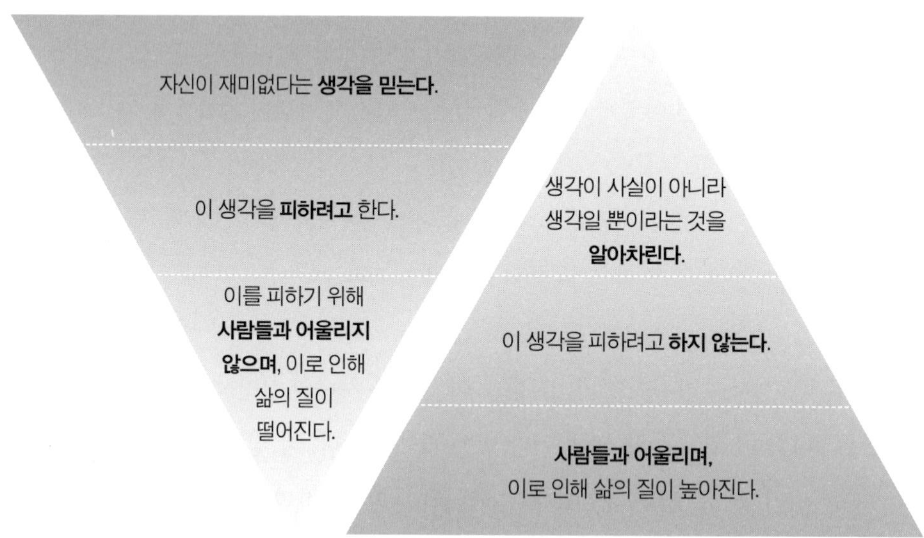

ACT에서 자주 사용되는 '버스 승객'이라는 잘 알려진 비유도 ACT 모델을 설명하는 데 도움이 될 수 있다. 당신은 '인생'이라는 이름을 가진 버스를 운전하며 다양한 승객을 태운다. 버스에 탄 승객 모두가 마음에 드는 것은 아니다. 당신은 수치심이나 부족함과 같은 승객들을 태울 수 있다. "넌 아직 멀었어."라고 말하는 승객이나 버스 뒷좌석에서 "노력해 봤자 무슨 소용이야?"라고 소리치는 '절망' 승객을 태울 수도 있다. 아예 운전을 하지 않는 것이 더 안전하다고 말하는 '불안' 승객이 있을 수도 있다. 요점은 그들이 승객이라는 것이다. 그들은 버스를 운전하지 않는다. 당신이 버스를 운전하고 있고 어디로 갈지 결정할 수 있다. 당신이 태운 승객들이 반드시 당신의 삶을 통제하거나 좌지우지해야 하는 것은 아니다. 비록 생각을 바꾸거나 승객을 내보낼 수는 없을지도 모르지만, 이런 승객들을 태우고도 계속 버스를 운전하는 방법을 배워 보는 것은 어떨까?

언어와 괴로움

언어는 괴로움과 어떤 관련이 있을까? 이에 대해 설명해 보자면, 동물과 달리 인간에게는 '이야기하는 마음(storytelling mind)'이 있다. 이를 통해 우리는 계획을 세우고 문제를 해결하는 것과 같은 많은 멋진 일들을 할 수 있다. 그러나 반대로 괴로움이 커질 수도 있다. 어떻게 이런 일들이 가능한 것일까? '이야기하는 마음'은 우리를 곤경에 빠뜨릴 수 있다. 왜냐하면 우리는 종종 '난 재미없는 사람이야'라는 생각과 같이 사실이 아닌 이야기를 지어내기 때문이다. 우리가 '이야기하는 마음'을 믿는다면, 앞의 예에서 설명한 것처럼 고통스러운 생각과 감정을 피하려고 노력하다가 오히려 삶의 질이 떨어질 수 있다.

ACT는 근거 기반 치료이다

근거 기반 치료란 무엇인가? 이는 ACT가 과학적 연구를 거쳤으며, 그 효과가 과학적 증거에 의해 뒷받침된다는 것을 의미한다. ACT는 우울증, 불안, 강박장애, 정신병을 포함한 여러 문제에 효과적이라는 것이 입증되었다. 맥락적행동과학회(Association for Contextual Behavioral Science: ACBS) 웹사이트 또는 미국심리학회(American Psychological Association: APA) 제12분과 임상심리학회 웹사이트에서 ACT에 대한 연구와 ACT의 효과를 지지하는 연구 결과들을 자세히 알아볼 수 있다. 두 기관의 웹사이트 주소는 책 뒷면의 '부록'(p.196)에서 찾을 수 있다.

6가지 핵심 과정

ACT를 안내하는 6가지 핵심 과정이 있는데, 이 과정들은 이 책에서 소개하는 7주 프로그램의 기반이 된다. 6주 동안에는 각각 하나의 핵심 과정에 초점을 맞추고, 마지막 주차는 이들 모두를 하나로 묶는다. 본격적으로 시작하기 전에 핵심 과정을 간략하게 검토해 보자.

ACT의 6가지 핵심 과정은 ① 탈융합, ② 수용, ③ 현재 순간에 접촉하기, ④ 관찰자 자기, ⑤ 가치, ⑥ 전념행동이다. 이 용어들 중 일부는 생소하고 우스꽝스럽게 들릴 수도 있다. 하나하나 설명할 테니 걱정하지 않아도 된다. ACT의 목표인 심리적 유연성에 대해서도 설명할 것이다.

① 탈융합

탈융합은 생각에 빠져 있거나 얽매이지 한발 물러서서 자신의 생각을 관찰하는 능력이다. 앞의 그림은 생각에 '융합'된 나와 생각에서 '탈융합'된 나를 나타낸다. 이 과정의 목표는 생각에서 탈융합하여 우리의 생각을 더 유연하게 만드는 것이다. 탈융합을 하면 생각을 그저 생각으로 보게 되고, 그중에서 도움이 되는 생각은 따르되, 생각이 우리를 지배하거나 행동을 좌지우지하지 않도록 한다.

② 수용

수용은 힘들더라도 경험을 피하거나 저항하지 않고 그 경험이 그냥 일어나게 허용하는 것이다. 이는 불쾌한 생각, 기억, 이미지, 감정, 욕구, 충동, 신체 감각이 나타날 때 이를 기꺼이 맞이한다는 것을 의미한다. 수용은 내가 가장 좋아하는 시 중 하나인 루미(Rumi)의 〈게스트 하우스(The Guest House)〉를 연상시킨다. 이 시에서는 다양한 경험이 당신의 문 앞에 나타난다고 말한다. 그것은 기쁨의 경험일 수도 있고 큰 슬픔의 경험일 수도 있다. 그러나 무엇이든 간에 그 경험은 일시적이다. 시도해 볼 만한 것은 경험을 기꺼이 맞이하고 외면하지 않는 것이다. 당신의 문 앞에 나타난 손님들을 기꺼이 맞이할 수 있겠는가? 어려울 수 있다는 것을 안다. 문을 닫아 버리고 싶은 마음이 든다는 것도 알고 있다. 그렇다면 왜 그 경험들을 기꺼이 맞이해야 하는가? 피하거나 저항하지 않아야 하는 이유는 무엇인가? 간단히 말하면, 고통은 인간이라면 누구나 느끼는 자연스러운 경험이기 때문이다. 따라서 고통을 받아들이는 편이 낫다.

③ 현재 순간에 접촉하기

이 핵심 과정은 '현재 순간에 접촉하는 것'이다. '현재 순간에 어떻게 접촉하라는 말이지?'라고 생각할지도 모른다. 이미 현재 순간에 접촉하고 있는 게 아닌가? 당신은 지금 이 순간 얼마나 현재에 머무르고 있는가? 이 글을 읽고 있는 동안 당신은 실제로 현재 순간에 접촉하고 있는가, 아니면 자신의 마음속 어딘가에 있는가? 어쩌면 과거로 가서 옛 기억을 떠올리고 있을지도 모른다. 아니면 미래 어딘가로 가서 계획을 세우고 있거나 상상하고 있을지도 모른다. 어쩌면 지금 여기 있지도 않은 누군가와 마음속으로 대화를 나누고 있는지도 모른다. 이 예들 중 어느 것도 현재 순간에 접촉하기에 해당되지 않는다. 현재 순간에 접촉한다는 것은 외부 환경(즉, 주변 환경)이든 내부 환경(즉, 생각, 감정, 신체 감각)이든 실제로 지금 이 순간에 일어나는 자신의 모든 경험에 머무르는 것이다. 현재의 경험에 저항하거나 그것을 피하거나 자신의 생각에 빠지게 되면 괴로움이 발생하게 되는데, 이 책을 통해 현재 순간의 경험에 더 많이 접촉하는 방법을 배우게 될 것이다.

④ 관찰자 자기

관찰자 자기는 다소 추상적이어서 이해하기 어려울 수 있는 개념이다. 기본적으로 이 개념은 마음을 관찰하는 자신의 한 부분이며, 생각에 빠져 있는 자신의 한 부분, 즉 '생각하는 자기'와는 반대되는 개념이다. 관찰자 자기와 잘 지낼 수 있겠는가? 당신은 무엇을 생각하고 있는가? 단순히 생각만 하는 것이 아니라 생각을 하고 있다는 것을 알아차릴 수 있는가? 이것이 바로 관찰자 자기이다.

⑤ 가치

가치는 자신이 중요하게 생각하는 것, 즉 삶에서 자신에게 중요한 것을 의미한다. 가치는 의미, 목적, 성취감을 가져다준다. 사람마다 가치는 다르다. 가치는 목표와도 다르다. 목표는 달성될 수 있지만, 가치는 지속적이고 자신이 삶을 어떻게 살고 싶은지에 대한 방향을 제시한다. 예를 들어, 목표는 체중을 줄이거나 1주일에 3~5회 운동을 하는 것일 수 있지만, 가치는 신체건강과 정신건강일 수 있다. 가치는 일반적으로 가족관계, 친밀한 관계(연인 또는 배우자), 자녀 양육하기, 친구/사회적 관계, 배움/교육/하고 있는 일(직장, 직업, 그 외 업무 등), 휴식과 여가생활, 건강관리, 영성, 사회참여/시민의식과 같은 특정 영역으로 분류된다.

⑥ 전념행동

전념행동은 어떤 불편함이 생기더라도 자신이 추구하는 가치의 방향으로 나아가려는 행동에 전념하는 것을 의미한다. 사람들은 자신이 무엇을 중요시하고 어떤 행동이 필요한지 모두 알고 있지만, 종종 두려움이나 불편함이 그러한 행동을 막는 경우도 있다. 예를 들어, 당신은 친밀한 관계를 중요시하지만, 힘든 생각, 불안감, 부적절감이 방해가 되어 결과적으로 누군가와 데이트를 하지 않을 수 있다. 전념행동은 행동처럼 외적으로 나타날 수도 있고, 자기 자신과 내적 경험을 다루는 방식처럼 내적으로 나타날 수도 있다. 예를 들어, 만약 내 가치 중 하나가 정신건강이라면, '이 사람이 나한테 잘못한 거야.'와 같은 이야기를 하는 내 마음에서 벗어나, 나의 고통, 슬픔, 상실감에 접촉하는 방법을 배울 필요가 있을 것이다. ACT에서는 불편함을 감수하며 자신의 가치와 일치하는 방향으로 나아가는 전념행동을 통해, 덜 제한적이고 보다 충만하고 자유로우며 의미 있는 삶을 사는 것을 목표로 한다.

유연해지기

ACT의 목표인 심리적 유연성에 대해 모두 다루었다. 그렇다면 심리적 유연성이란 무엇인가? 심리적 유연성은 덜 경직되고 덜 집착하는 방식으로 무언가에 대해 생각하는 능력이다. 심리적 유연성은 우리가 유연한 방식으로 행동할 수 있도록 도와주는 중요한 요소로, 이런 유연한 행동을 통해 우리는 의미 있는 삶을 향해 나아갈 수 있게 된다.

당신의 생각은 당신이 아니다

지금까지 들어본 것과는 다른 새로운 관점일 수도 있겠지만, 당신의 생각은 당신이 **아니다.** 지금 이 순간 당신은 자신의 생각에 상당히 집착하거나 '융합'되어 있을 수 있다. 어쩌면 당신은 **당신의 생각이 당신 자신이라고 생각**해서 내가 무슨 말을 하는지 전혀 이해하지 못할 수도 있다. 괜찮다. 지금부터 이에 대해 다루어 보도록 하자.

우선, 생각은 당신이 알아차리는 여러 양상 중 하나일 뿐이며 당신을 규정하지는 않는다. 알아차림에는 감정과 신체 감각도 포함된다. 혹시 생각, 감정, 신체 감각 외에 현재 알아차릴 수 있는 또 다른 무언가를 떠올릴 수 있는가?

감정과 신체 감각은 신체라는 공간을 공유하기 때문에 겹치는 경우가 종종 있다. 사실 감정은 몸 안에서 느껴지는 신체 감각을 통해 주로 경험된다고 볼 수 있다. 다음번에 어떤 감정을 경험할 때, 그 감정이 몸에서 어떻게 느껴지는지 알아차려 보자. 슬프다, 외롭다, 실망스럽다, 혐오스럽다, 흥분된다, 두렵다 등 어떤 느낌이 드는지 알아차려 보자. 몸에서 어떤 감정을 경험하고 있는가? 가슴이 답답하거나 목이 메는가? 이 질문은 현재 순간에 접촉할 수 있는 좋은 방법이다.

당신의 생각은 당신이 아닐 뿐만 아니라, 반드시 현실을 반영하는 것도 아니다. 인간은 이야기와 서사를 창조할 수 있는 놀라운 능력을 가진 '마음'이 있지만, 이것은 특히 우리가 생각을 그대로 받아들이거나 믿을 때 문제가 될 수 있다. 예를 들어, 요가 수업을 들으면서 내가 이 방에서 최고의 요가 수행자라는 생각을 할 수도 있고, 다른 때에는 내가 게으르고 몸매가 좋지 않으며, 다른 누구보다 더 자주 쉬는 시간을 갖는다고 생각할 수도 있다. 실제로 이런 생각들은 같은 수업에서 몇 분 간격으로 일어날 수도 있다. 둘 다 그냥 이야기일 뿐이다. 마음이 당신에게 말하는 이야기에는 어떤 것들이 있는가? 당신은 그 이야기들을 얼마나 믿는가?

마음이 하는 이야기와 더불어 당신이 어떤 생각은 무시하고, 어떤 생각은 받아들이고 믿고 있는지도 알아차려 볼 수 있다. 짐작하건대, 당신의 생각에는 약간의 편향이 있을 것이다. 알다시피, 마음이 가진 이 놀라운 능력은 우리가 계획을 세우고 문제를 해결하는 데 도움을 주지만, 한편으로는 잠재적으로 문제가 되는 이야기를 만들어 내는 경향도 있다. 우리 인간은 또한 부정편향(negative bias)*이라는 특성을 가지고 있다. 왜 우리는 부정편향을 가지고 있는 걸까? 부정편향은 '이야기하는 마음'과 거의 같은 방식으로 진화한 것으로

---

*역자 주: 자극, 상황, 사건 등을 부정적인 방식으로 해석하는 지속적인 경향성을 의미한다.

생존에 도움이 된다. 실제로 그렇지 않더라도, 풀숲에 있는 나뭇가지를 뱀으로 착각하는 것이 우리에게 도움이 될 때도 있다. 하지만 일반적으로 최악의 상황을 가정하는 것이 우리에게 행복을 가져다주지는 않는다. 그렇다면 부정편향에 대해 우리가 할 수 있는 것은 무엇일까? 앞서 이야기한 것과 동일한 전략, 즉 ACT의 6가지 핵심 과정을 사용할 수 있다.

마음속에 떠오르는 사소한 생각들을 모두 믿을 필요가 없다는 사실을 알게 되었길 바란다. 그렇게 믿는다면 정말 악몽같을 것이다. 그런 악몽이 지금 당신의 현실이더라도 걱정하지 않아도 된다. 다른 방법이 있으며 1주차부터 그 방법을 배워 보도록 하자. 탈융합을 기억하는가? 이 기술은 기본적으로 생각에 반응하기보다는 그 생각에 얽매이지 않고 관찰하는 능력이다. 탈융합은 중요한 시작점으로 1주차에 중점적으로 다룰 예정이며, 이후 프로그램 내내 세밀하게 다듬어 나갈 것이다.

당신의 감정은 문제가 아니다

감정을 느끼는 것은 정상이다. 또한 감정은 인간의 생존을 돕기 위해 진화했다. 슬픔은 일종의 상실을 나타내며, 치유를 위해 속도를 늦추도록 만든다. 두려움은 어떤 유형의 위험을 나타내며, 싸우거나 도망치거나 꼼짝 못하도록 도와준다. 분노는 어떤 선을 넘었음을 나타내며(예: 누군가가 나를 이용하고 있음), 자신을 보호하거나 지키는 데 도움이 된다. 죄책감은 불쾌한 감정이지만 자신의 가치관에 어긋나는 행동을 했다는 것을 알려주며, 사과를 통해 문제를 해결할 수 있는 기회를 제공한다. 그리고 긍정적인 감정도 잊지 말자. 당연한 말이지만 행복, 사랑, 기쁨과 같은 감정은 다른 사람과 좋은 관계를 맺는 것과 같이 우리가 좋은 것을 향해 나아가고 유지하는 데 도움이 된다. 다시 말하지만, 이는 생존과 직결된다.

감정	감정이 나타내는 것	필요한 것
슬픔	상실	속도를 늦추고 치유하기
공포	위험	싸우기, 도주하기, 꼼짝하지 않기
분노	개인적인 경계선의 침해	자신을 보호하거나 지키기
죄책감	가치관에 어긋나는 행동	행동 고치기, 사과하기
행복, 사랑, 기쁨	관계 맺음에 대한 필요성	유대감을 형성하고 유지하기

어떤 이유에서든 감정은 실제로 생존의 측면에서 믿을 수 없을 정도로 복잡하고 중요한 시스템인데도, 사람들은 감정의 중요성을 경시하는 경향이 있다. 인간이라면 고통스러운 경험을 피하려는 욕구는 당연하지만, 생각이나 감정과 같은 내적 경험에 대해 이야기할 때 이를 허용하고 수용하고 받아들이는 것이 중요하다. 왜냐하면 이를 무시하는 것이 우리의 욕구에 관한 중요한 정보를 무시하는 결과를 초래할 뿐만 아니라, 이런 경험에 저항하는 것은 그 생각과 감정을 지속시키고 강화하기 때문이다.

의미 있는 삶을 향해

당신의 생각이 당신이 아니고 당신의 감정이 문제가 아니라면, 그럼 우리가 할 수 있는 것은 무엇일까? 생각은 사실이 아니라 단지 정신적 사건일 뿐이며, 감정이 문제가 아니라 오히려 중요한 정보라는 것을 인식하면, 이를 통해 당신은 생각과 감정을 경험할 수 있는 자유를 누리게 된다. 힘든 생각이나 감정을 두려워할 필요는 없다. 이런 생각이나 감정은 인식의 일부이며, 인간이라면 누구나 경험하는 정상적인 부분이다. 두려워할 필요가 없을 뿐만 아니라, 감정이 당신에게 무언가를 말하려고 하기 때문에 감정에 주의를 기울이는 것이 오히려 중요하다. 이런 힘든 감정을 경험하도록 허용하면, 이를 피하고 저항할 필요성이 줄어들어 당신이 가치에 따른 삶을 사는 데 필요한 유연성을 얻을 수 있다.

왜 ACT인가

이제 ACT에 대한 기본적인 내용을 이해했으니 이를 사용해야 하는 몇 가지 중요한 이유를 살펴보자.

ACT는 경험적이다

ACT는 과학적인 연구를 통해 스트레스, 우울증, 불안, 강박장애, 사회불안장애, 약물 남용을 비롯한 다양한 문제에 효과적이라는 것이 입증되었다.

ACT는 단기적이다

사람들이 흔히 치료라고 하면 몇 년에 걸쳐 진행되는 과정을 상상하지만, 꼭 그럴 필요는 없다. ACT를 통해 사람들은 단기 개입, 즉 몇 년이 아닌 몇 주 동안만 치료를 받으면 효과를 볼 수 있다.

ACT는 각자의 수준에 맞게 조정할 수 있다

ACT는 유연하기 때문에 각자의 수준에 맞게 조정할 수 있다. 우울증을 다루는 ACT 전략은 정신증과 같은 다른 문제를 관리하는 데에도 도움이 될 수 있다.

ACT는 당신을 바꾸려고 하지 않는다

다른 행동치료와 달리 ACT는 당신을 바꾸려고 하지 않는다. 그렇다고 ACT가 변화를 수반하지 않는다는 의미는 아니다. 주로 행동에 옮기는 형태의 변화를 가져오지만, 생각이나 감정을 바꾸려고 하지는 않는다. ACT에서는 생각과 감정을 다루는 방식을 바꾸고자 한다. 즉, 자신의 생각과 감정을 받아들이고 가치와 일치하는 행동을 하는 방법을 배우는 것이다. '버스 승객' 비유를 기억하는가? 승객이 마음에 들지 않는다고 해서 버스에서 내쫓는 것이 아니라, 승객을 버스에 태우고 내가 가고자 하는 방향으로 같이 가는 것이다!

ACT는 마음챙김을 포함한다

ACT는 마음챙김을 포함한다는 점에서도 독특하다. 마음챙김이란 무엇인가? 마음챙김에 대한 내가 가장 좋아하는 정의는 마음챙김 기반 스트레스 감소 프로그램(Mindefulness-Based Stress Reduction: MBSR)을 통해 마음챙김 기술을 보건의료체계에 도입한 존 카밧진(Jon Kabat-Zinn)이 사용한 정의이다. 그는 마음챙김을 '특정한 방식, 즉 의도적으로, 현재 순간에, 비판단적으로 주의를 기울이는 것'으로 정의한다. 마음챙김에는 스트레스 감소 또는 스트레스에 대한 적응적인 반응의 증가, 반추 감소, 우울증 및 불안 감소, 긍정적인 감정 증가, 집중력 및 기억력 향상, 감정반응 감소, 감정조절 능력 향상, 인지적 유연성 증가 등 많은 이점이 있다. 이러한 이점들 중 몇 가지나 친숙하게 들리는가? ACT의 목표는 '심리적 유연성'이라는 점을 기억하기 바란다. 마음챙김은 ACT의 주요한 부분이다. 마음챙김은 탈융합, 수용, 현재 순간에 접촉하기, 관찰자 자기를 포함하여 ACT의 많은 핵심 과정에 영향을 미치며, 7주 프로그램을 통해 이에 대해 자세히 배우게 될 것이다.

ACT는 가치와 전념행동에 중점을 둔다

ACT에서는 자신의 가치와 일치하는 방식으로 삶을 살고, 자신에게 가장 중요한 것들에 전념하는 데 많은 관심을 둔다. 사회불안이 있으면서도 파티에 참석하는 등의 활동을 하며 좀 더 의미 있는 삶을 사는 것이다. 이처럼 ACT는 통찰 지향적일 뿐만 아니라

행동 지향적이다.

ACT는 언제 어디서나 할 수 있다

ACT는 언제 어디서나 할 수 있다. ACT를 사용하는 데에는 특별한 도구가 필요하지 않으며, 필요한 것은 당신 자신뿐이다. 출퇴근길이나 줄을 서서 기다리는 동안에도 할 수 있다. 예를 들어, 마음에 감사하는 빠르고 쉬운 탈융합 기법을 간단하게 소개하고자 한다. 마음이 당신에 대해 말하는 것을 알아차렸을 때(예를 들어, 난 게을러 또는 난 멍청해), 그 말을 믿을 필요 없이 그냥 알아차린 뒤, '고마워, 마음아.'라고 말하고 넘어가면 된다.

ACT는 거의 모든 사람에게 도움이 될 수 있다

ACT는 매우 다재다능하다. 거의 모든 사람에게 도움이 될 수 있다. 자신의 생각에 더 접촉하고, 더 수용하고, 덜 빠져들고, 경험에서 고통스러운 부분을 더 견딜 수 있고, 더 유연하게 생각하고, 자신의 가치와 일치하는 방식으로 살 수 있고, 의미 있는 삶을 향해 나아갈 수 있다면 혜택을 받지 못할 사람이 누가 있겠는가?

ACT는 얼마나 효과가 있는가

간단하게 답하면 ACT는 정말 효과적이다. 얼마나 효과적인지 한번 알아보자. 2015년 39건의 무작위 대조군 임상시험에 대한 메타분석 결과, ACT는 사후 치료 및 추적 평가에서 대조군 조건, 즉 대기자 조건, 심리적 위약 조건, 평소와 같은 치료를 받는 조건보다 더 우수한 결과를 보였다. 이 용어 중 일부를 이해하기 어렵다면, 이렇게 이해하면 된다. 기본적으로 많은 연구들을 한데 모아 연구했고, 그 결과 ACT가 사람들이 일반적으로 받는 다른 조건들보다 더 효과적이라는 결론을 내렸다는 의미이다.

ACT가 효과적인 이유

ACT가 꽤 효과적인 이유는 무엇일까? 다른 행동치료처럼 당신을 바꾸려고 하지 않기 때문이다. ACT에서는 당신을 있는 그대로의 모습, 즉 당신의 인간성, 결점, 불완전함을 수용하고 받아들인다. ACT에서는 이를 바꾸거나 없애려고 하기보다는 이와 함께 사는 방법을 배우도록 도와준다. 자신을 바꾸는 건 어떨까? '결점'과 '불완전함'을 없애는 건 어떨까? 이런 방법이 좋은 방법이라고 생각할 수 있지만, 결국 현실적으로 인간은 결점을 가지고 있다. 어떤 사람도 완벽하지 않다. 우리 모두에게는 한계가 있다. 그렇기 때문에 수용이 실마리가 될 수 있다. 수용은 우리 자신을 거부할 때 생기는 괴로움으로부터 우리를 해방시켜 준다. 내가 가장 좋아하는 인용문 중 하나는 칼 로저스(Carl Rogers)의 "이상한 역설은 있는 그대로의 나 자신을 수용할 때, 비로소 내가 변화할 수 있다는 것이다."라는 말이다. '잠깐, 방금 우리가 바뀔 수 없다고 말하지 않았나요?'라고 생각할지도 모른다. 우리의 한계를 완전히 없앨 수는 없지만, 사실 바뀔 수는 있다. 하지만 먼저 자신의 모습, 특히 고통스러운 부분과 없애고 싶은 힘든 생각과 감정을 수용하고 받아들여야 한다. 수용은 결코 쉽거나 자동적으로 이루어지는 것이 아니며 수동적인 과정도 절대 아니다. 실제로 수용이라는 단어의 어원은 '제공된 것을 취하거나 받는 행위'를 의미하는 라틴어 'acceptus'에서 유래했다. 수용하는 데는 많은 노력이 든다. 전념행동 또한 마찬가지이다. 전념행동은 실제로 자신의 가치에 따라 계속해서 행동하며 살 것을 요구한다. 이 책에서 소개하는 활동들은 이 목표를 향해 나아가는 데 도움이 될 것이다. 그러나, 인내심을 가지고 노력하는 동안 자신에게 친절해야 한다는 점을 잊지 말기 바란다.

제2장

ACT 그리고 당신

이 장에서는 당신이 어려움을 겪고 있는 특정 문제에 ACT를 어떻게 적용할 수 있는지 알아볼 것이다. 그러나 먼저 현재 당신의 생각과 감정을 다루는 방식을 확인해 보자. 당신은 생각에 '융합'되어 있는가, 아니면 '탈융합'되어 있는가? 당신은 감정을 받아들이지 않고 저항하고 있는가, 아니면 열린 마음으로 수용하고 있는가? 다시 말해, 괴로운 생각과 감정이 당신을 지배하고 있는가, 아니면 현재 순간에 존재하면서 그 생각과 감정을 판단하지 않고 있는 그대로 관찰하고 허용하고 있는가? 생각에 얽매이고 감정에 저항하고 있다면, 이는 당신에게 어떤 영향을 미치고 있는가? 전념행동을 통해 가치에 따른 삶을 사는 데 방해가 되고 있지는 않는가?

퀴즈 생각과 감정이 나를 통제하고 있는가

문항	전혀 그렇지 않다	드물게 그렇다	가끔 그렇다	자주 그렇다	항상 그렇다
1. 생각을 멈추거나 통제하고 싶다.	1	2	3	4	5
2. 생각이 곧 나라고 믿는다.	1	2	3	4	5
3. 참을 수 없거나 용납할 수 없는 생각이 있다.	1	2	3	4	5
4. 생각에 집중하지 않으려고 노력한다.	1	2	3	4	5
5. 생각이 삶을 살아가는 데 방해가 된다.	1	2	3	4	5
6. 감정을 멈추거나 통제하고 싶다.	1	2	3	4	5
7. 내 감정이 문제라고 생각한다.	1	2	3	4	5
8. 내 감정이 나쁘다고 생각하거나 내가 이런 감정을 느끼면 안 된다고 생각한다.	1	2	3	4	5
9. 감정을 느끼지 않으려고 하거나 피하려고 한다.	1	2	3	4	5
10. 감정이 삶을 살아가는 데 방해가 된다.	1	2	3	4	5
점수					
총점 =					

당신의 점수는 몇 점인가? 가장 높은 점수는 50점이다. 50점에 가까울수록 자신의 생각에 더 많이 융합되어 있고 자신의 감정을 덜 수용한다는 것을 의미한다.

생각에 얽매이고 감정에 저항하는 것이 당신이 의미 있는 삶을 사는 데 방해가 되는 것은 아닌지 생각해 보는 시간을 가져 보자.

특히 생각에 융합되어 있고 감정을 회피하고 있어 당신의 삶에 방해가 된다면, 걱정하지 않아도 된다. 앞으로 7주 동안 이 문제를 해결하기 위해 노력할 것이다. 무엇보다, 견딜 수 없는 생각이나 고통스럽고 압도적인 감정과 함께 현재에 머무르는 방법을 상상하기가 어려울 수 있다는 것을 알고 있다. 쉬운 일이라고는 생각하지 않기 때문에, 이를 위한 도구들을 제공하고자 한다. 그 도구들은 바로 앞으로 7주 동안 다룰 내용이다.

그렇다면 어떻게 도울 수 있을까

ACT의 놀라운 점 중 하나는 굉장히 다재다능하다는 것이다. ACT는 스트레스, 걱정 및 불안, 강박장애(Obsessive Compulsive Disorder: OCD), 공황발작 및 공황장애, 트라우마 및 외상후 스트레스장애(Post-Traumatic Stress Disorder: PTSD), 우울증, 낮은 자존감, 완벽주의, 분노, 중독을 포함한 다양한 문제를 해결하는 데 도움이 될 수 있다.

스트레스

스트레스는 우리 모두가 삶의 일부로서 경험하는 것이다. 괴로운 감정과 마찬가지로 스트레스도 피할 수 없다. 또한 괴로운 감정과 마찬가지로 스트레스도 인간의 생존을 돕기 위해 진화했다. 스트레스 반응은 즉각적인 위협에 대응하는 데 도움이 되도록 고안되었다. 오늘날 우리가 직면하는 많은 위협은 단기간에 끝나지 않고 오래 지속되기 때문에, 스트레스를 관리하는 방법을 모르면 우리의 몸과 마음에 부담이 되는 만성 스트레스를 초래할 수 있다. 그렇다면 스트레스를 어떻게 관리할 수 있을까? 특히 마음챙김이 도움이 된다. ACT에서 마음챙김은 6가지 핵심 과정 중 일부 과정, 특히 탈융합, 수용, 현재 순간에 접촉하기, 관찰자 자기에 적용된다. 내가 가장 좋아하는 인용문 중 하나는 '파도를 멈출 순 없어도 파도 타는 법을 배울 순 있다.'라는 존 카밧진(Jon Kabat-Zinn)의 말이다. 스트레스가 우리 삶에 나타나는 것을 막을 순 없지만 마음챙김을 통해 스트레스에 반응하는(react) 대신 대응하는(respond) 방법을 배울 순 있다. 스트레스가 삶에서 특히 문제가 된다면, 근처 지역에 MBSR 프로그램을 제공하는 곳이 있는지 확인해 보기 바란다.

걱정과 불안

스트레스와 마찬가지로 우리 모두는 걱정과 불안을 가지고 살아가며, 이들은 우리가 일을 계획하고 준비하는 데 도움이 될 수 있다. 그러나 걱정과 불안이 지나치게 커지면 도움이 되지 않을 수 있다. 걱정과 불안이 더 이상 도움이 되지 않는 지점에 도달한다면, 과도한 걱정과 불안이 우리에게 불리하게 작용하여 우리가 가치를 향해 나아가는 데 방해가 될 수 있다. ACT의 6가지 핵심 과정은 도움이 되는 걱정과 도움이 되지 않는 걱정을 구분하는 데 도움이 된다. 마음챙김 기술은 당신이 스트레스에 반응하기보다는 대응하도록 하여, 도움이 되지 않는 걱정을 관리하기 쉽게 만들어 줄 것이다. 또한 당신은 불안한 생각과 거리를 두고 의미 있는 삶을 사는 데 방해가 되지 않도록 하는 방법을 배우게 될 것이다.

강박장애

강박장애는 일반적으로 강박사고(예: 세균에 대한 원치 않는 반복적 생각)를 포함하고, 일부 유형의 강박행동(예: 과도한 손 씻기)을 동반하는 매우 괴로울 수 있는 심리적 장애이다. 강박사고를 멈추기 위해 강박행동을 시도하지만, 이는 (적어도 장기적으로는) 효과적이지 않다. 사람들은 때로는 하루 중 몇 시간 동안 업무, 관계, 할 일 등에 악영향을 미치는 강박행동의 순환주기에 갇히게 된다. 그렇다면 ACT는 강박사고와 강박행동에 어떻게 도움이 될까? ACT를 통해 강박사고를 가지고 있어도 잘 살거나 마음챙김을 하면서 강박사고에 빠져들지 않도록 도와주면, 사람들은 강박행동을 자제하고 보다 가치에 따른 삶을 살 수 있게 된다.

공황발작과 공황장애

때때로 사람들은 공황발작이라는 용어를 오해하거나 오용하기도 한다. 공황발작은 갑작스럽고 예상치 못한 공포와 불편함을 경험하는 것을 말한다. 공황발작은 심장박동수가 빨라지거나, 심장이 두근거리거나, 땀이 많이 나거나, 몸이 심하게 떨리거나, 숨이 가빠지거나, 숨을 못 쉴 것 같은 느낌이 들거나, 가슴에 통증이 있거나, 뱃속이 불편하거나, 어지럽거나, 마비가 된 것 같거나, 따끔거리는 느낌이 있거나, 오한이 오거나 몸에서 열이 오르거나, 미쳐 버릴지도 모른다거나, 죽을 것 같은 느낌을 받을 수 있다. 공황발작은 일반적으로 약 10분 이내에 최고조에 달했다가 곧 해소된다. 공황발작의 신체 감각은 매우 강렬해서 처음 경험하는 사람은 이를 심장마비라고 생각하는 경우가 많다. 이는 공황발작을 경험하는 사람이 일반적으로 자신의 생각과 감정을 덜 알아차리고, 신체 감각을 더 잘 알아차리기 때문이다.

공황장애는 반복적인 공황발작을 경험하고 언제 또 다른 공황발작을 경험할지 매우 걱정하거나 불안해하는 것을 말하는데, 공황장애가 있는 사람은 이런 불편한 감정을 피하기 위해 자신의 삶을 제한하기 시작한다. 이들은 이런 강렬한 신체 감각을 경험하는 것에 대한 두려움으로 인해 가치에 따른 삶을 살지 못하게 된다. ACT에서는 알아차림의 범위를 확장시켜 생각과 감정을 포함하는 데 도움을 주며, 발생하는 강렬하고 불편한 신체 감각을 견디고 수용하는 방법을 배우게 하여 가치에 따른 삶을 자유롭게 살 수 있도록 한다.

공포증

공포증은 무언가를 과도하게 두려워하는 것이다. 공포증은 다양한 대상과 관련이 있을 수 있지만, 일반적으로 동물(예: 거미, 곤충, 개), 자연 환경(예: 높은 곳, 폭풍, 물), 혈액/주사/부상(예: 바늘, 침투적인 의학적 시술), 상황(예: 비행기, 엘리베이터, 밀폐된 장소) 또는 그 외의 것들(예: 질식, 구토, 큰 소리, 캐릭터 코스튬)과 관련될 수 있다. 공포증이 있는 사람이 어떤 식으로든 공포 대상(예: 거미)에 노출되면, 이에 대한 반응이 고조되고 갑자기 강렬한 감정이 솟구치는 것을 경험할 수 있다. 이런 격렬한 감정 때문에, 때로는 어떤 대가를 치르더라도 두려운 대상을 피하려고 한다. 예를 들어, 비행공포증이 있는 사람은 친구의 결혼식에 참석하지 않거나 평소 가 보고 싶었던 여행지에 가지 않을 수 있다. 회피가 누군가의 삶을 어떻게 제한하기 시작하는지 이제 알겠는가? 그렇다면 ACT는 어떻게 도움이 될까? ACT는 강렬한 감정을 경험하면서도 현재에 머무를 수 있는 방법을 배우고, 자신의 가치를 향해 움직일 수 있게 비행기를 타고 결혼식에 참석하거나, 마추픽추로 여행하거나, 하고 싶은 일을 하거나 원하는 곳에 가는 등의 행동을 할 수 있도록 도움을 준다.

사회불안장애

사회불안장애는 사회적 상황과 관련된 공포증이다. 예를 들어, 사회불안장애가 있는 사람은 새로운 사람을 만나거나 잡담을 나누는 것을 매우 불편해하거나 사람들 앞에서 발표하는 것을 두려워할 수 있다. 이런 상황에서 이들은 당혹감이나 거절에 대한 극심한 두려움을 경험한다. 사회불안장애는 수줍음이 많거나 내성적인 것과는 다르다. 수줍음이 많은 사람은 '준비'하거나 '마음을 터놓는' 데까지 시간이 조금 걸릴 뿐이다. 내향적인 사람은 다른 사람들과 어울리고 관계 맺는 것에 에너지가 많이 소모될 수 있으므로, 혼자만의 시간을 보내며 재충전할 필요가 있다. 사회불안장애는 개인의 삶을 방해한다. 어떻게 방해가 될까? 바로 회피이다. 패턴이 보이기 시작했는가? 이 모든 것은 힘든 생각, 감정, 신체 감각을 피하려는 시도로 귀결된다. 사회불안장애가 있는 사람은 이런 것들을 피하기 위해 사람들과 어울리는 것을 완전히 중단할 수 있다. 이미 알고 있는 사람들과만 어울리거나, 자신에게 데이트가 중요한 일임에도 불구하고 데이트를 피할 수도 있다. 발표나 인맥 쌓는 것을 꺼려 직장에서의 승진을 주저할 수도 있다. ACT에서는 사회불안장애가 있는 사람이 마음챙김 및 수용과 같은 기술을 통해 당혹감, 판단 또는 거절에 대한 극심한 두려움을 경험하면서도 현재에 머무를 수 있도록 도와준다. 또한 이들이 새로운 사람들에게 자신을 소개하고, 데이트하며, 발표하고, 인맥을 관리하는 데 도움을 준다. 두려움이 사라지도록 만드는 것이 아니라, 마치 버스에 탄 승객처럼 그저 따라오도록 하는 것이다. 두려움은 여전히 존재하지만 더 이상 전념행동을 방해하지 않는다.

트라우마와 PTSD

트라우마는 다양한 형태로 나타날 수 있다. 때때로 심리학 분야에서는 소문자 't' 트라우마(trauma)와 대문자 'T' 트라우마(Trauma)로 구분하기도 한다. 어떤 사건들은 매우 충격적이라는 의미에서 '트라우마' 경험을 했다고 말할 수 있지만, 대문자 'T' 트라우마로는 간주되지 않을 수 있다. 대문자 'T' 트라우마는 실제적이거나 위협적인 죽음, 심각한 부상 또는 성폭력에 노출된 사건이다. 소문자 't' 트라우마는 이혼이나 유산과 같이 매우 힘들고 큰 충격을 미칠 수 있는 기타 유형의 삶의 경험이 포함될 수 있다. PTSD가 발생하려면 대문자 'T' 트라우마를 경험해야 하는데, 다시 한번 말하지만, 이는 실제적이거나 위협적인 죽음, 심각한 부상 또는 성폭력에 노출된 사건을 의미한다. 이를 직접 경험하거나 목격했을 수도 있고, 가까운 가족이나 친구에게 그러한 사건이 일어났다는 사실을 알게 되었을 수도 있다. 또한 사고 현장에서 변사체를 처리하는 최초 대응자와 같이 트라우마 사건의 세부사항에 반복적이거나 지나치게 노출되는 형태로 경험할 수도 있다.

PTSD가 발생하면 반복적이고 괴로운 기억, 악몽 또는 플래시백과 같은 여러 유형의 침습 증상을 경험하게 된다. PTSD가 있는 사람들은 일반적으로 이런 괴로운 기억, 생각, 감정 또는 사람, 장소, 활동, 사물, 상황과 같은 사건의 외부 단서들을 피하려고 한다. PTSD가 있는 사람들은 기분과 사고 과정에서 부정적인 변화를 경험할 수도 있는데, 예를 들어 자신에게 책임이 있다고 생각하거나, 누구도 믿을 수 없다고 생각하거나, 세상이 위험하다고 생각한다. 두려움, 분노, 공포, 죄책감, 수치심과 같은 감정을 느끼기도 한다.

ACT는 과거 경험이 아닌 현재에 초점을 맞춘 치료법이다. 그렇다면 ACT는 트라우마에 어떻게 도움이 될까? 바로 현재 순간과의 접촉을 통해서이다. 트라우마는 과거에 발생한 일이지만 그 충격은 현재에도 느껴진다. 더 중요한 것은 치유가 현재에 일어난다는 것이다. ACT에서는 비판단적 인식과 수용의 태도로 현재 순간에 나타나는 생각, 감정, 신체 감각에 접촉한다.

내적 경험 외에도 어떤 외적 경험을 피하고 있는지 살펴보자. 트라우마를 겪은 사람들은 종종 자신의 생각, 감정, 감각뿐만 아니라 사람, 장소, 사물도 피한다. 때로는 타인에 대한 모든 신뢰를 잃거나 세상은 위험하고 안전한 것은 없다고 생각하여 극단적인 회피와 활동 제한으로 이어지기도 한다. ACT에서는 사람들이 신뢰 및 안전과 관련된 두려움을 포함한 생각, 감정, 감각을 경험하면서도 현재에 머무를 수 있도록 도와주어 가치에 따른 삶을 살게 한다.

우울증

우울증은 하나의 양상으로만 나타나는 것은 아니다. 우울증에는 여러 유형이 있으며 사람에 따라 매우 다르게 경험되고 표현될 수 있다. 전통적으로 우울증은 저조한 기분이나 슬픔, 매사에 흥미나 즐거움의 결여, 체중 감소나 증가, 불면증이나 과수면, 피로, 집중 곤란, 무가치감이나 과도한 죄책감, 절망감 그리고 때때로 자살에 대한 생각으로 특징지어진다. 특히 남성의 경우 짜증과 분노로 표현될 수 있다.

그렇다면 ACT는 우울증에 어떻게 도움이 될까? 우울증이 있는 사람이 피하고 있는 것은 무엇인가? 이에 대한 답은 일반 상식으로는 이해하기 어렵기 때문에 다소 놀랄 수도 있다. 우울증이 있는 사람이 회피하는 것은 슬픔이다. 앞서 언급했듯이, 일반 상식으로는 이해하기 다소 어려울 수 있다. 이를 가장 잘 설명할 수 있는 예가 있다. 신체에 대한 불만이 많은 사람이 건강과 기분 전환을 위해 헬스장에 가는 것을 피하고, 친밀한 관계를 소중히 여김에도 불구하고 데이트를 피한다고 상상해 보자. 이 사람은 기분을 나아질 수 있게 하는 일에 다가갈 때 떠오르는 슬픔의 감정을 피하고 있으며, 이로 인해 막막하고 우울하며 절망적인 느낌을 갖게 된다. ACT에서는 사람들이 헬스장에 가거나 데이트 앱을 다운로드할 때 발생할 수 있는 슬픔의 감정에 더 잘 접근하고 견딜 수 있는 도구(6가지 핵심 과정)를 제공하여, 우울증을 완화하고 보다 만족스러운 삶을 구축할 수 있도록 돕는다.

우울증이 심하다면, 주요우울장애로 고통 받는 사람을 치료하기 위해 만들어진 마음챙김 기반 인지치료(Mindfulness-Based Cognitive Therapy: MBCT)를 고려해 볼 수도 있다.

자살에 대한 생각으로 어려움을 겪고 있다면 언제든지 미국자살예방센터(National Suicide Hotline: 1-800-273-8255)에 전화할 수 있다는 것을 기억하기 바란다. 911에 전화하거나 가장 가까운 응급실로 갈 수도 있다.*

* 역자 주: 우리나라의 경우 '1393자살예방상담전화'(1393)와 '한국생명의전화'(1588-9191)에서 24시간 무료 전화 상담 서비스를 제공하고 있다. 청소년의 경우, '청소년상담1388'에서 무료 전화상담(1388) 및 온라인 상담 서비스를 이용할 수 있다.

낮은 자존감

자존감은 자신을 가치 있거나 소중하게 여기는 주관적 느낌을 의미한다. 낮은 자존감 문제는 때때로 우울증이나 중독과 같은 문제로 이어질 수 있다. 하지만 자존감을 높이려고 노력하다 보면, 자기애적 행동이나 자기중심적 행동과 같은 문제가 발생할 수도 있다.

자존감이라는 개념 자체에 문제가 있다. 어떤 문제인지 설명해 보겠다. 자존감은 상향식이든 하향식이든 일종의 비교가 포함된다. 상향 비교는 신체적으로 더 건강하거나, 매력적이거나, 성공적이거나, 경제적으로 더 부유하거나, 여행을 많이 다니거나, 여러 언어를 유창하게 구사하거나, 기타 어떤 방식으로든 '자신보다 낫다'고 생각하는 사람들과 자신을 비교하는 것을 말한다. 상향 비교는 열등감으로 이어질 수 있다. 열등감을 통해 자신이 무엇을 중요하게 생각하는지 알 수 있지만, 그 외에는 특별히 도움이 되지 않으며 오히려 해로울 수 있다. 간혹 사람들은 상향 비교를 하면 변화를 시도하고 '더 나은 사람'이 되도록 동기를 부여하는 데 도움이 될 수 있다고 생각하지만, 연구 결과에 따르면 그렇지 않다. 오히려 상향 비교는 스스로가 부족하거나 '미흡'하다는 느낌을 강화할 수 있다. 불교 명상 수행을 가르치는 샤론 잘츠버그(Sharon Salzberg)는 상향 비교를 다음과 같이 간결하게 표현했다. "우리 자신을 가혹하게 판단한다면, 우리는 우리의 많은 결점에도 불구하고 발전하고 있는 것처럼 느낄 수 있다. 하지만 실제로는 자신의 무가치감을 강화하는 것일 뿐이다." 하향 비교는 어떤 면에서든 '자신보다 미흡하다'고 생각하는 사람들과 자신을 비교하는 것이다. 이 경우 아마도 우리는 더 많은 교육을 받고, 성공적이고, 매력적인 사람일 것이다. 이는 우월감을 느끼게 해 준다. 만약 기분이 좋아진다면 이게 왜 문제가 되는 걸까? 사실 우월감은 오래 지속되지 않으며 궁극적으로 비교는 지는 싸움이기 때문이다. 그렇다면 어떻게 해야 할까? 대안을 제시하자면 그것은 바로 자기자비이다.

자기자비란 무엇인가? 마음챙김 자기자비 프로그램(Mindful Self-Compassion: MSC)은 친구를 대하는 것처럼 자신을 대하는 활동이다. 친구 중 한 명이 힘든 시간을 겪고 있다면 그 친구를 어떻게 대해야 할까? 친구를 대하는 방식으로 자신을 대하고 있는가? 아마 아닐 것이다. 일반적으로, 적어도 서구 문화권에서는 다소 가혹하거나 비판적인 방식으로 자신을 대하는 법을 배운다. 이를 내면의 비판자(the inner critic)라고 부르기도 한다. 나는 스스로에게 매우 가혹하고 '내면의 학대자(inner abuser)'라는 용어가 더 적절해 보이는 내담자들을 상담한 적이 있다.

내담자에게 비판적으로 자신을 대하는 방식을 줄이고 자신을 보다 자비로운 마음을 가지고 대하도록 노력하는 것을 제시하면, 내담자가 주저하는 경우가 많다. 내담자들은 내면의 비판자나 내면의 학대자가 어떤 식으로든 자신에게 도움이 되고 자신을 개선하도록 돕고 있다고 생각한다. 내가 내담자들에게 그 생각에 대한 증거를 검토하고 내면의 비판자가 어떻게 도움이 되는지를 관찰해 보라고 요청하면, 이들은 종종 그 생각이 근거 없는 믿음이라는 것을 깨닫기 시작한다. 실제로 이런 생각은 무가치감, 우울증, 절망감을 유지하면서 자신의 삶을 개선하기 위해 실행 가능한 조치를 취하지 못하게 할 수 있다.

또한 MSC를 사용하면 상향이나 하향 비교 없이 자신의 결점을 포함한 자신의 모든 것을 정확하게 볼 수 있다. 이는 변화의 과정에 있어 매우 중요한데, 변화의 첫 번째 단계가 자기인식이기 때문이다. 자신을 정확하게 보는 것은 자존감을 손상시킬 수 있기 때문에 위협적일 수 있지만, 자기자비의 관점에서 자신을 바라보면 자신을 더 솔직하게 볼 수 있다. 이를 통해 실질적이고 중요한 변화를 만드는 기회를 얻을 수 있다.

ACT는 낮은 자존감에 어떻게 도움이 될까? '이야기하는 마음'을 기억하는가? '이야기하는 마음'은 자존감이 낮은 상태를 유지하는 데 큰 역할을 한다. ACT에서는 '이야기하는 마음'이 만들어 내는 이야기와 자신을 바라보는 부정적인 방식에서 벗어나 보다 유연하게 대처할 수 있도록 도와준다.

최근 ACT에서는 사람들이 더 건강한 방식으로 자신을 대하는 방법을 배우도록 돕기 위해 자기자비 프로그램을 도입했다. 7주 프로그램 동안 당신은 괴로움에 직면하고 삶을 변화시키기 위한 노력을 하게 될 것이다. 이 프로그램은 당신이 전념행동을 할 수 있게 자신을 보다 자비롭고, 친절하며, 너그러운 방식으로 대하는 방법을 배우도록 도울 것이다.

완벽주의

나는 완벽주의나 완벽주의 경향성이 있는 내담자를 자주 만나게 된다. 어떤 사람들은 이를 성공을 위한 자산이라 생각할 수도 있다. 완벽주의는 자신을 발전시키는 데 도움을 준다. 그렇지 않은가? 사실 그렇진 않다. 자존감과 자기자비의 차이에 대해 알고 나면, 완벽주의가 왜 문제가 되는지 알게 될 것이다. 완벽주의 경향성이 있는 사람은 어떤 것도 충분하지 않다고 생각한다. 이는 만성적인 불만족과 심지어 우울증으로 이어질 수 있다. 이는 건설적이지 않다. 완벽주의는 스스로를 발전시키는 데 도움이 되지 않으며, 삶을 훨씬 더 힘들게 만들고 당신에게서 사소한 만족감이나 감사함도 빼앗아갈 수 있다. ACT를 통해 수용을 실천하는 방법을 배움으로써 이런 경향성을 줄이는 데 도움이 될 수 있다.

분노

분노는 잘못된 것이 아니다. 분노는 우리 자신을 보호하는 데 도움이 되기 때문에 인간의 자연스럽고 중요한 부분이다. 그렇다면 여기에서 분노를 다루는 이유는 무엇일까? 당신도 경험했겠지만 분노가 문제가 될 수 있기 때문이다.

화를 잘 내지 못하면 분노는 문제가 된다. 어떻게 문제가 될 수 있을까? 감정 경험과 감정 표현을 구분하는 것이 도움이 된다. 보훈병원에서 재향군인 대상으로 집단 교육을 했을 때 종종 이에 대해 혼동하는 경우가 있었다. 나는 재향군인들에게 '분노가 어떤 느낌인가요?라고 물었다. 그들은 소리 지르기, 비명 지르기, 주먹질하기 같은 것을 말하곤 했다. 그러나 그것은 분노의 느낌이 아니라 분노의 모습이다. 즉, 분노의 표현이다. 분노를 느끼는 것과 분노를 표현하는 것에는 차이가 있다.

분노는 소리 지르기, 비명 지르기, 주먹질하기 등으로 표현할 수도 있지만, 단호하고 적절하고 비공격적이고 자기주장적인 의사소통을 통해 표현할 수도 있다. 분노는 한계를 주장하고, 경계를 설정하며, 자신을 안전하게 지키는 매우 건강하고 중요한 방법으로 사용될 수 있다. 분노를 이런 식으로 표현하면 문제가 되지 않는다.

분노는 어떻게 경험되는가? 분노와 관련된 생각, 감정, 신체 감각에는 어떤 것이 있는가? 분노를 경험한다는 것은 다음과 같다. 많은 사람에게 분노는 몸의 강렬한 신체 감각을 통해 경험된다. 예를 들어, 온몸에 열이 뻗치거나, 가슴이 뜨겁게 달아오르거나, 턱에 힘이 들어가거나, 얼굴 근육이 긴장한 것을 알아차릴 수 있다. 당신은 분노를 어떻게 경험하는가? 더 중요한 것은 분노를 어떻게 표현하느냐는 것이다. 분노를 잘 경험할 수 있다면, 즉 분노와 관련된 생각과 신체 감각에 비판단적 태도를 취할 수 있다면, 분노에 덜 민감하게 반응할 수 있다. ACT의 6가지 핵심 과정은 화를 잘 내는 방법을 배우고 분노에 대한 반응을 줄이면서 분노를 경험할 수 있도록 도와준다. 또한 6가지 핵심 과정은 단호한 의사소통과 같이 분노에 대응하여 적절한 행동을 하는 방법을 배우는 데 도움이 된다.

중독

중독은 회피의 대표적인 예 중 하나이다. 사람들은 보통 약물을 특별한 이유 없이 사용하지 않는다. 기분이 좋아지거나 무감각해지는 등 다른 기분을 느끼기 위해 약물을 사용한다. 나는 중독이라는 용어를 알코올, 니코틴, 마약과 같은 물질뿐만 아니라 성행위, 도박, 비디오 게임, 온라인 쇼핑 또는 OTT(예: 넷플릭스) 몰아보기 등 광범위하게 사용한다. 먼저 중독 순환주기에 대해 살펴보자.

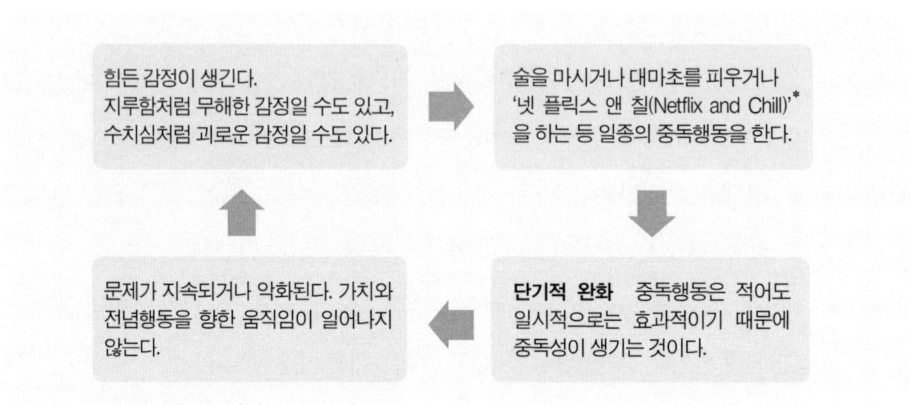

힘든 감정이 생긴다.
지루함처럼 무해한 감정일 수도 있고,
수치심처럼 괴로운 감정일 수도 있다.
술을 마시거나 대마초를 피우거나
'넷 플릭스 앤 칠(Netflix and Chill)'*
을 하는 등 일종의 중독행동을 한다.
단기적 완화 중독행동은 적어도
일시적으로는 효과적이기 때문에
중독성이 생기는 것이다.
문제가 지속되거나 악화된다. 가치와
전념행동을 향한 움직임이 일어나지
않는다.

중독 순환주기에 대해 알아차린 것이 있는가? 우리는 결국 힘든 감정이 시작되는 바로 그 지점으로 되돌아가게 된다. 뿐만 아니라 힘든 경험을 회피하려고 노력하는 과정에서 문제가 지속되거나 악화되고, 가치와 일치하는 활동을 향한 움직임이 일어나지 않는다. 괴로운 경험은 삶의 일부일 뿐이라는 사실을 기억하자.

가끔씩 자신을 잠시 기분 좋게 하는 것은 문제가 되지 않지만, 이것이 습관화되어 자신의 가치를 추구하지 못하고 전념행동을 하지 못하게 된다면 문제가 된다. 물론 심리적 의존이나 생리적 의존으로 발전하는 것도 문제이다. 자신의 삶에서 중독이 어떤 역할을 하는지 주목하고, 중독행동을 유발하는 것은 물질만이 아니라는 것을 기억하기 바란다. 나의 '중독행동'은 아마존 프라임(Amazon Prime)을 통해 이틀 만에 배송되는 온라인 쇼핑이다. 다음번에 '중독행동'을 하고 싶은 충동이 생길 때 그 순간에 어떤 경험을 하고 있는지 알아차리고 자신의 생각, 감정, 감각을 관찰해 보자. 지루함, 외로움, 불만인가? 힘든 감정을 무시하는 데는 대가가 따른다는 점을 기억하자. 때로는 그 대가

* 역자 주: 직역하면 '넷플릭스 보면서 쉴래?'이지만, 이 말의 실제 의미는 연인의 집에 가서 섹스를 하자는 것이다.

로 당신이 가치의 방향으로 움직이지 못하고 꼼짝 못하게 될 수도 있다. 그러나 힘든 경험을 하면서도 그 경험에 머무르는 것을 잘할 수 있다면, 중독행동이나 '임시방편'으로 하는 행동에 대한 의존도가 줄어들고 목적이 있는 삶, 의미 있는 삶, 충만한 삶을 만드는 데 더 많은 자유를 얻을 수 있다. 중독 문제가 더 심각한 경우에는 주변에 있는 익명의 알코올중독자모임(Alcoholics Anonymous: AA), 익명의 약물중독자모임(Narcotics Anonymous: NA), 스마트 회복집단(SMART recovery) 또는 마음챙김 기반 재발방지 프로그램(Mindfulness-Based Relapse Prevention: MBRP)에 참여하는 것을 고려해 볼 수 있다. 자세한 내용은 책 뒷부분에 있는 '부록'(p. 196)을 참조하기 바란다.

신체 증상

때로는 사람들이 자신의 생각과 감정에 머무르는 데 어려움을 겪거나 저항할 때, 신체 증상으로 나타나기도 한다. 이런 현상을 '신체화'라고도 한다. 생각을 억누를 때 나타날 수 있는 신체 증상은 다음과 같다.

- 쑤시고 아픔
- 근육 긴장
- 이 악물기, 이갈이
- 가슴 통증과 빠른 심장 박동
- 호흡 곤란
- 두통
- 낮은 에너지 또는 피로
- 힘이 없음
- 메스꺼움
- 구토
- 복통
- 변비
- 설사

이런 신체 증상을 경험하고 있는가? 심리적 고통이 증상을 유발하거나 악화시킬 수 있지만, 항상 의료 전문가와 상의하고 가능한 기저 질환이 있는지 확인하는 것이 중요하다.

7주 프로그램

각 주의 내용이 이전 주의 내용에 기반해 구성되었기 때문에, 각 주의 내용을 건너뛰기보다는 순차적으로 진행할 것을 적극 권장한다. 변화에는 시간이 필요하다는 점을 기억하기 바란다. 각 장을 읽고 ACT 활동을 연습하는 데 필요한 시간을 충분히 확보하자. 순서대로 하지 않고 건너뛰거나 서둘러서 얻을 수 있는 것은 아무것도 없다. 첫 6주는 ACT의 6가지 핵심 과정 중 하나에 초점을 맞춘다. 각 장에는 연습할 수 있는 활동들과 자신을 되돌아볼 수 있는 질문들이 포함되어 있다. ACT와 마찬가지로 이 책에서 제공하는 활동들도 근거에 기반을 두고 있다. 이 활동들을 수행할 시간을 확보하기 바란다. 이것이 지속 가능한 변화로 이어질 것이다. 7주차는 모든 것을 하나로 묶는다. 앞으로 7주 동안 진행하면서, 모든 일이 그렇듯이 더 많이 투자할수록 더 많은 것을 얻을 수 있다는 점을 잊지 말자.

제2부

7주 프로그램

이제 ACT와 6가지 핵심 과정의 개요를 이해했으니 본격적으로 시작할 준비가 되었다! 다음 6주 동안에는 매주 ACT의 핵심 과정 중 하나를 다루게 되며, 7주차에는 이를 모두 통합할 것이다. 1주차 탈융합을 시작으로 ACT의 핵심 과정을 매주 하나씩 알아보자.

1주차

당신의 생각은 현실이 아니다

이번 첫 주에는 탈융합에 초점을 맞추어 당신이 생각으로부터 어느 정도 거리를 두도록 도울 것이다. 당신은 생각이 그저 정신적인 현상일 뿐이라는 것을 이해하기 시작할 것이다. 아무리 당신의 마음이 그렇지 않다고 설득하려 해도 생각은 사실이나 현실이 아니다.

융합

융합과 탈융합의 개념을 살펴보자. 기억나는가?

생각에 융합되면 생각에 얽매이게 된다. 즉, 생각이 절대적인 진실이나 현실이 아니라 그저 생각일 뿐이라는 것을 알아차릴 만한 충분한 시각을 갖고 있지 않다는 것을 의미한다. 생각에 융합되거나 얽매이는 것을 표현하는 또 다른 방법은 '생각에 빠져 있다'이다.

융합의 유형

사람들이 생각에 빠져들게 되는 방식에는 여러 가지가 있다. PTSD가 있는 재향군인이나 성폭행 피해자는 '트라우마가 발생하기 전에는 내 인생이 굉장히 좋았어.' '내 탓이야.' '이제 난 망가졌어.' 또는 '사람을 믿을 수 없어. 사람을 믿으면 상처받을 거야.'와 같은 생각에 융합될 수 있다. 이 마지막 두 진술은 판단과 규칙이 자기(self)와 융합되어 있음을 보여 준다. 완벽주의가 있는 사람은 또한 '난 뛰어나야만 해.' 또는 '평범한 건 괜찮지 않아.'와 같은 규칙에 대한 생각에 융합될 수도 있다. 우울증이 있는 사람은 '새 직장을 찾는 게 무슨 소용이 있어? 절대 날 고용하지 않을 거야.'와 같이 미래와 관련된 생각에 융합되거나, '난 무능하고 한심한 찌질이야.'와 같이 자신과 관련된 생각에 융합될 수 있다. 또한 '나는 너무 불안해서 새로운 사람들을 만날 수 없어.'와 같이 행동을 하지 못하는 이유에도 융합될 수 있다.

이런 생각들을 현실로 받아들이거나 믿는 것이 삶에서 행동하는 방식에 어떤 영향을 미칠 수 있는지 생각해 볼 수 있는가? 이런 생각으로 인해, 또는 이런 생각에 융합되면서, 사람들은 전념행동을 통해 자신의 가치를 향해 나아가는 것을 피하려고 한다(생각을 없애야 하는 것은 아니라는 점을 기억하기 바란다). 예를 들어, 트라우마나 PTSD가 있는 사람은 어떤 종류의 관계도 맺지 않으려 하기 때문에 안전감을 높이고 치유하는 데 도움이 되는 사회적 관계를 맺을 기회를 스스로 박탈할 수 있다. 완벽주의가 있는 사람은 '실패'할 수도 있는 일을 시도하지 않을 수 있다. 우울증이 있는 사람은 새로운 직업을 찾으려고 시도조차 하지 않을 수 있다. 사회불안장애가 있는 사람은 불안을 느끼지만 실제로 불안을 견디고(또는 수용하고), 새로운 사람들을 만날 수 있다는 사실을 배울 기회를 스스로 결코 허용하지 않을 수 있다.

이 사람들이 자신의 생각으로부터 어느 정도 거리를 둘 수 있다고 상상해 보자. PTSD가 있는 사람이 다른 사람을 신뢰할 수 없다는 자신의 생각을 알아차릴 수 있지만, 이 생각을 받아들이지 않기로 선택한다면 어떨까? 아마도 점차 마음을 열고 다른 사람들을 신뢰하기 시작할 수 있고, 이로 인해 더 많은 안전감과 치유를 경험할 수 있을 것이다. 완벽주의가 있는 사람은 자신의 인간성과 한계를 더 잘 받아들일 수 있다. 이들은 자신을 더 건강한 방식으로 대할 수 있고, 이전과 같았다면 감당하지 못했을 위험에 도전할 수 있다. 우울증이 있는 사람은 새 일자리를 찾을 수 있다. 사회불안장애가 있는 사람은 불안이 자신의 삶을 제한한다는 것을 깨닫고 새로운 사람들을 만날 수 있다.

융합되었거나, 얽매이거나, 빠져든 생각이 있는가? 있다면 그 생각이 과거나 미래에 대한 생각인가, 자신에 대한 생각인가, 판단, 추론 또는 규칙인가? 이런 생각들이 자신의 삶에 어떤 영향을 미치고 있는가?

ACT 활동: 이름 붙이기

당신이 많은 것에 융합되어 있음을 알아차리고, 융합이 당신의 삶을 제한하고 있음을 인식하게 되었을 수도 있다. 하지만 걱정하지 않아도 된다. 이번 첫 주의 목표는 탈융합을 연습하는 것이다. 첫 번째 활동인 간단한 이름 붙이기 연습부터 시작해 보자.

1. 눈을 감아도 되고, 눈을 감는 것이 불편하다면 앞쪽 바닥을 편안하게 응시하면서 호흡에 주의를 기울인다.

2. 몇 번 깊게 숨을 들이마시고 내쉬면서 몸의 긴장된 부분이 풀린다고 상상한다. 얼굴, 턱, 목 또는 어깨 근육의 긴장이 풀어진다고 상상한다. 숨을 내쉴 때마다 스트레스나 긴장이 빠져나간다고 느낀다.

3. 몇 번의 호흡이라도 최선을 다해 호흡에 집중한다. 호흡에 집중하고 있더라도 곧 생각이 떠오르는 것을 알아차리게 될 것이다. 어떤 생각이 떠오르는 것을 알아차렸을 때, 그것에 '생각'이라고 이름을 붙인다. 생각을 알아차릴 때마다 그저 묵묵히, 마음속으로 '생각'이라고 말한다. 원하는 경우 더 구체적으로 이름을 붙일 수 있다. 예를 들어, 판단하는 생각을 알아차리면 '판단'이라고 이름을 붙인다. 계획에 대한 생각을 알아차리면 '계획'이라고 이름을 붙인다. 과거의 생각을 알아차리면 '기억'이라고 이름을 붙인다.

4. 계속해서 떠오르는 생각을 알아차리고 이름을 붙이고, 어떤 생각을 내려놓기 어려운지 알아

차린다. 이런 생각은 아마도 융합된 생각일 가능성이 높다. 생각에 대한 집착이 크지 않을수록 생각을 내려놓는 것이 더 쉬워지는 경향이 있다.

매일 몇 분 동안 이 연습을 해 보기 바란다. 출퇴근길이나 줄을 서서 기다리는 동안 생각에 잠겨 있는 것을 발견한 순간에 그 자리에서 바로 해 볼 수도 있다. 호흡에 집중하고, 생각을 알아차리고, 그 생각에 이름을 붙인 다음 내려놓도록 한다.

융합되는 이유

왜 우리는 생각에 융합되는 걸까? 그건 바로 도움이 되기 때문이다! 우리에게 축복과 저주를 동시에 안겨 주는 '이야기하는 마음'을 기억하는가? '이야기하는 마음'은 무언가를 계획하거나 준비하거나 문제를 해결할 때 도움이 된다. 예를 들어, '지난번에 등산 갔던 거 기억나? 햇볕에 너무 탔어. 이번에는 자외선 차단제를 바르는 게 좋겠어!'와 같이 생각하는 경우, '이야기하는 마음'이 도움이 된다.

'이야기하는 마음'이 불리하게 작용할 수도 있다. 예를 들어, '지난번 면접은 정말 끔찍했어. 난 항상 면접을 망치는 거 같아. 더 좋은 직장을 구할 수 있을 리가 없겠지.'와 같이 생각할 때이다. 마음은 이야기를 만드는 능력을 가지고 있다. 이것은 인간의 자연스럽고 정상적인 부분이다. '이야기하는 마음' 그 자체는 문제가 되지 않는다. 그러나 현실을 반영할 수 있는 생각이나 그렇지 않을 수 있는 생각에 융합되면 문제가 될 수 있다. 생각에 융합되면, 마음이 실제 현실과 매우 동떨어진 자신만의 '현실'을 만들어 낼 수 있다.

자신의 생각에 깊이 융합되어 있으면 이를 인식조차 하지 못하고 잘못 구성된 현실에 근거하여 삶을 살아갈 수 있다. 예를 들어, 당신이 만들어 낸 이야기 중 하나가 '너무 우울해서 내 삶을 변화시킬 수 없어.'라고 해 보자. 이 이야기를 믿는다면, 우울감을 덜 느끼는 데 도움이 될 수 있는 삶의 변화를 만들기가 어렵다. 변화할 수 있는 능력은 있지만, 생각에 너무 융합되어 있어 그 현실을 보지 못하는 것이다. 생각에서 어느 정도 거리를 둘 수 있다면 생각을 관찰하고 알아차릴 수 있다. 이렇게 하면 보다 유연하게 행동할 수 있다.

> "우리가 어디에 있든지 심호흡을 하고, 우리의 몸을 느끼고, 감각을 연다면, 우리는 마음의 끊임없는 이야기 밖으로 나갈 수 있다."
>
> –잭 콘필드(Jack Kornfield)

ACT 활동: **마음과 대화하기**

생각에서 탈융합하기 위해 사용할 수 있는 또 다른 간단한 활동이 있다. 어떤 생각이 떠오를 때마다 그 생각에 '나는 ……(라)는 생각을 하고 있다는 것을 알아차리고 있다.'라는 문구를 붙이도록 하자. 이 간단한 활동은 생각에 더 이상 빠져들지 않도록 거리를 두는 데 도움이 된다. 예를 들어, '나는 뚱뚱하거나 과체중이야.'라는 생각이 든다면, 그것을 그대로 생각하거나, 어느 정도 받아들이거나, 의문을 제기하려고 하지 말고 마음속으로 스스로에게 **'나는 내가 뚱뚱하다는 생각을 하고 있다는 것을 알아차리고 있다.'**라고 말할 수 있다. 이 간단한 재구성이 생각과 어느 정도 거리를 두어 자동적으로 믿게 될 가능성을 줄이는 데 얼마나 도움이 되는지 확인했는가? 사용할 수 있는 또 다른 간단한 활동이 있다. 예를 들어, 마음에게 '고마워.'라고 말하는 것이다. 이상하게 들릴 수도 있지만 한번 해 보기 바란다. 다음번에 '노력해도 무슨 소용이야? 시간만 낭비하고 있어. 바보 같아.'라는 생각이 든다면, '마음아 고마워!'라고 말해 보자. 또는 '이건 절대 해낼 수 없는 일이야.'라는 생각이 든다면 '마음아 고마워.'라고 말해 보기 바란다. 이렇게 하면 생각과 어느 정도 거리를 두고 당신의 가치에 따른 선택을 할 수 있는 여지를 만들어 준다는 것을 이제 알겠는가?

나는 내담자가 스스로 만든 이야기, 특히 거짓 이야기를 구분하도록 돕는 것을 좋아한다. 당신에게는 어떤 이야기가 있는가? 그 이야기가 현실을 반영하고 있는가? 아마 자신의 생각이 항상 현실을 반영하는 것은 아니라는 사실을 이미 잘 알고 있을 것이다. 그렇다면 왜 그런 이야기를 믿게 되는 걸까?

____

____

____

____

____

어떤 생각들은 도움이 된다

모든 생각이 나쁜 것만은 아니다. 생각이 도움이 되는 경우도 있다. 예를 들어, 지난주에 보낸 이메일에 대한 후속 조치를 취해야 한다는 생각이나 청구서를 납부해야 한다는 생각이 불현듯 떠오르는 경우이다. 다른 생각들, 특히 정신건강과 안녕감에 해를 끼칠 수 있는 생각들에는 융합되거나 얽매이거나 빠져들게 되는 경향이 있고, 그렇게 되면 다시 벗어나기 어려울 수 있다! 생각에 융합되는 것이 항상 문제가 되는 것은 아니지만, 분명 문제가 될 때가 있다.

도움이 되지 않는 생각

언제 문제가 되는지, 어떻게 구분할 수 있는지, 어떻게 대처해야 하는지에 대해 자세히 알아보자. 융합되는 것은 우리의 생각이 도움이 되지 않을 경우 문제가 된다. 특히,

우리가 그 생각을 인식하지 못하여 생각이 우리의 '현실'을 창조하고 행동을 통제하게 만들 때 문제가 된다. 예를 들어, '난 멍청해.'라고 생각하고 이를 내 '이야기하는 마음'이 만들어 낸 거짓 이야기라고 생각하는 대신 현실로 받아들인다면, 이는 당신의 행동을 제한하게 될 것이다. 아마도 당신은 자신에 대한 평가가 나빠지고 특정 기회를 거부할 가능성이 높아질 것이다. 심지어 당신에게 일어나는 일들을 자신이 만든 거짓 이야기에 맞추어 잘못 해석하고, 자신이 천재는 아니지만 바보도 아니라는 사실을 놓칠 수도 있다.

도움이 되지 않는 생각과 도움이 되는 생각 구분하기

어떤 생각이 도움이 되고 어떤 생각이 도움이 되지 않는지 구분하기 어려울 때가 있다. 특히나 구분하기 까다로운 경우도 있는데, 불안과 함께 떠오르는 생각은 어떤 일을 계획하도록 준비하는 데 도움이 되고, 두려움과 함께 떠오르는 생각은 안전과 관련되기 때문에 그 생각이 도움이 되는지를 구분하기 어려울 수 있다. 예를 들어, '나는 일을 아주 못하고 있어. 이러다 직장에서 잘릴 수도 있겠어.'라는 생각은 도움이 될 수도 있고 그렇지 않을 수도 있다. 이는 직장에서 더 잘하려고 노력하거나 다른 직업을 찾는 데 도움이 될 수 있지만, 직장에서 일을 잘하고 있는데 불안한 마음이 말하는 것이라면 어떨까? 나는 가끔 내담자에게 '불안한 마음이 말하고 있는 건가요?'라고 묻곤 한다. 일반적으로 이 질문은 생각이 도움이 되는지 여부를 평가할 수 있게끔 생각으로부터 충분한 거리를 두는 데 도움이 된다.

ACT 활동: 도움이 되지 않는 생각과 도움이 되는 생각 구분하기

도움이 되는 생각과 도움이 되지 않는 생각을 구분하는 첫 번째 단계는 생각을 평가할 수 있는 충분한 거리를 두기 위해 탈융합을 하는 것이다. 이 장에 소개된 몇 가지 활동들을 사용해 자신의 생각을 관찰해 보자. 생각을 관찰할 수 있게 된 후에는 이런 생각들이 행동을 어떻게 이끌 수 있는지 상상해 보자. 당신은 어떻게 할 것인가? 어떤 조치를 취할 수 있을까? 이 행동이 어떤 식으로 도움이 되는가, 아니면 도움이 되지 않는가? 그 행동이 내가 중요하게 생각하는 것들로 향하게 하는가, 아니면 그것들에서 멀어지게 하는가?

다음은 생각의 몇 가지 예이다. 이런 생각들이 도움이 되는지, 도움이 되지 않는지 그리고 그 이유에 대해 생각해 보자.

생각	생각이 내 행동을 어떻게 이끄는가?	도움이 되는가, 되지 않는가?
'난 멍청하고, 게으르고, 의욕도 없어.'	무언가를 시도하려는 의욕이 떨어질 것이다.	도움이 되지 않음
'이건 완벽해야 해. 실수하면 안 돼.'	부담감이 커져 행동하는 것이 더 어려워질 수 있다.	도움이 되지 않음
'그 사람 잘못이야. 그 사람 탓이야.'	사실일 수도 있고 아닐 수도 있지만, 그렇다고 해서 달라지는 것은 없다.	도움이 되지 않음
'늑장 부리지 말고 이 일을 시작하는 게 좋겠어.'	시작하는 데 도움이 될 것이다.	도움이 됨
'이번 주에 헬스장에 3번 가고 싶어.'	다음 주에 운동 일정을 잡는 데 도움이 될 것이다.	도움이 됨

표의 빈 공간에 자신의 생각을 채워 보자. 생각이 당신의 행동을 어떻게 이끄는가? 어떤 생각이 도움이 되고 어떤 생각이 도움이 안 되는지 구분할 수 있는가?

____

____

____

____

____

어떤 생각이 도움이 되고, 어떤 생각이 도움이 되지 않는지는 머릿속에서 생각들이 헤매고 있을 때보다 당신이 직접 작성한 것을 보고 평가하는 것이 더 쉬울 수 있다. 종이에 작성하는 간단한 행위만으로도 생각에서 탈융합하는 데 도움이 될 수 있다. 이것은 생각에서 탈융합하는 데 사용할 수 있을 뿐만 아니라 융합이 문제가 되는지 안 되는지를 평가하는 데 사용할 수 있는 또 다른 활동이다.

당신의 머릿속에서만 일어나는 일이 아니다

때때로 탈융합 활동들, 특히 장난스러운 활동들은 매우 실제적인 문제를 가볍게 여기는 것처럼 느껴질 수 있다. 이 활동의 요점은 문제를 최소화하고자 하는 것이 아니라, 생각과 충분한 거리를 두어 생각에 의해 행동을 통제당하지 않고 행동 방법을 선택할 수 있도록 하는 것이다.

생각을 바꾸는 것이 아니다

무언가에 대한 생각을 바꾸려고 노력해 본 적이 있는가? 때로는 생각을 바꾸려고 하는 것이 도움이 될 수 있다. 하지만 어떤 때는, 특히 어떤 생각에 융합되어 있을 때는 생각을 바꾸기가 훨씬 더 어려워진다. 탈융합의 요점은 생각을 바꾸는 것이 아니다. 왜냐하면 생각을 바꾸는 것은 잘 통하지 않는 경우가 더 많기 때문이다.

내 경험상 아무리 의심하거나 객관적인 평가를 해도 바뀌지 않는 생각들이 있다. 그렇기 때문에 ACT에서는 생각을 다루기 위해 수용과 탈융합에 중점을 둔다. 우리는 생각의 내용에 관여하지 않는다. 사실 생각의 내용에 관여하게 되면 생각에 더 얽매일 수 있다.

ACT 활동: **생각을 매체로 상상하기**

생각을 다양한 유형의 매체로 상상하여 생각에서 탈융합하는 연습을 할 수도 있다. 예를 들어, 라디오나 팟캐스트에서 자신의 생각이 흘러나오고 있다고 상상할 수 있다. 예를 들면, '좋은 아침입니다. 카리사(Carissa)의 오늘 하루에 오신 것을 환영합니다. 카리사의 부족한 부분을 하나부터 열까지 알아보겠습니다.'라고 흘러나오는 것을 상상해 본다. TV, 컴퓨터 화면 또는 영화 스크린에 '난 바보야.'라는 자신의 생각이 문구로 나타나는 것을 상상할 수도 있다. 아니면 영화 시작 전 상영되는 예고편처럼 자신의 생각이 이미지로 재생되는 것을 상상할 수도 있다. '내가 가장 좋아하는 영화 중 하나인 〈남들이 모르는 내 진짜 모습〉의 예고편입니다.'와 같이 말이다.

ACT에서는 생각의 내용이 전혀 중요하지 않다. 어쩌면 생각이 현실을 반영할 수도 있다. 예를 들어, 직장에서 정말로 좋은 실적을 내지 못하는 경우라면, 다른 직장을 찾는 것이 도움이 될 수 있다. 과체중인 경우에는 체중을 감량하면 도움이 될 수도 있다.

탈융합의 핵심은 그저 생각이 당신에게 어떤 영향을 미치는지, 즉 언제 도움이 되고, 언제 도움이 되지 않는지 평가할 수 있도록 충분한 거리를 확보하는 것이다. 생각이 도움되지 않을 경우, 이때는 생각을 바꾸기보다는 거리를 두는 것이 중요하며, 생각에 융합되거나 얽매이거나 빠지기보다는 그저 생각을 관찰할 수 있는 관점을 형성해야 한다.

생각이 바뀌지 않을 수도 있다. 생각은 실제로 사실일 수도 있고, 사실이 아니더라도 어느 정도는 믿고 있을 수 있으며, 여전히 불편함을 느낄 수도 있다. 그래도 괜찮다. 가장 중요한 것은 전념행동을 통해 가치에 따른 삶을 사는 데 생각이 방해되지 않도록 하는 것이다. 생각을 바꿀 필요는 없다.

ACT 활동: 생각 알아차리기

1. 눈을 감아도 되고, 눈을 감는 것이 불편하다면 앞쪽 바닥을 편안하게 응시하면서 호흡에 주의를 기울이도록 한다.
2. 주의를 생각으로 돌리도록 한다. 생각에 사로잡히지 말고 그저 생각을 알아차리도록 한다.
3. 생각에 빠져들지 않고 '이야기하는 마음'이 말하는 것을 알아차리도록 한다. 이야기를 바꾸거나 생각을 멈추려고 하면 현재에서 더 멀어질 뿐이다. 그저 '이야기하는 마음'을 친절하게 알아차리도록 한다.
4. 마음이 과거로 돌아가거나 상상 속의 미래로 빠져드는 것을 알아차린다면, 뭔가를 하려고 하지 말고 그저 알아차리도록 한다. 생각을 멈추거나 밀어내려고 하지 말고 그저 알아차리도록 한다.

생각은 사라지지 않을 것이다

생각에서 탈융합하고, 얽매이지 않고, 빠져나오는 것은 생각을 사라지게 하거나 없애기 위한 방법이 아니다. 왜냐하면 애초에 그럴 수 없기 때문이다. 실제로 연구에 따르면 생각을 멈추려고 하면 일종의 반동 효과(rebound effect)를 일으킬 수 있다고 한다.

나는 내담자들에게 우리 모두가 생각을 바꾸거나 힘든 생각을 사라지게 할 수만 있다면, 나는 직업을 잃을 것이라고 말하곤 한다! 그러나 '이야기하는 마음'은 그런 식으로 작동하지 않는다. 우리는 다른 사람들의 내적 경험에 접근할 수 없고 그들의 마음이 어떤 이야기를 하는지 알 수 없기 때문에, 이런 종류의 생각을 하는 것은 나 혼자라고 생각하거나 자신에게 뭔가 문제가 있다고 생각하곤 한다. 사실 누구나 자신에 대해 힘들고 괴로운 생각을 할 수 있으며, 이는 잘못된 것이 아니다. 당신은 '이야기하는 마음'을 가진 인간일 뿐이다. 이런 생각들은 정상이다. 당신은 생각에서 탈융합하는 법을 배울 수 있지만, 그 생각들 중 일부는 결코 사라지지 않을 수도 있다. 당신은 항상 자신에게 뭔가 문제가 있다는 생각을 할 수 있다. 그래도 괜찮다. 그렇다고 해서 자신의 가치에 따른 삶을 살 수 없다는 뜻은 아니다. 탈융합은 생각에 휘둘리지 않고 내가 어떻게 살고 싶은지 선택할 수 있는 여유를 만드는 데 도움이 될 수 있다. 생각 자체를 사라지게 할 필요는 없다.

생각이 바뀌거나 사라지지 않는다면, 이것을 왜 해야 하는 걸까

간단히 생각을 바꾸거나 사라지게 할 수 있는 힘이 있다면, 아마도 그렇게 하고 싶은 유혹을 많이 느낄 것이다. 당신도 그럴 것이라고 생각한다. 어쩌면 당신은 이미 아주 오랫동안 생각을 바꾸거나 사라지게 하려고 노력해 왔을지도 모른다. 효과가 있었는가? 아마 아닐 것이다. 탈융합이 대안이 될 수 있다. 탈융합은 생각을 통제하거나 없애지 않고 생각과 함께 살아가는 법을 배우고, 친구가 되는 것이다. 생각이 운전대를 잡도록 내버려두지 않고 그저 생각을 버스에 함께 태우는 것이다. 버스를 운전하는 것은 당신이지 생각이 아니다. 당신은 당신의 가치를 향해 버스를 운전할 수 있고, 버스에 탑승한 승객이 어떤 생각을 하든 귀담아들을 필요가 없다.

ACT 활동: 심상화하기

때때로 다양한 이미지나 시각화를 사용하면 사람들이 생각에서 탈융합하는 데 도움이 될 수 있다. 일반적으로 사용하는 시각화에는 '시냇물에 나뭇잎 띄워 보내기'나 '하늘과 구름'이 있다. 당신이 알아차리는 각각의 생각이 시냇물에 떠내려가는 나뭇잎이나 하늘에 지나가는 구름이라고 상상할 수 있다. 여기에서도 당신은 주어진 순간에 마음의 본질을 알아차릴 수 있다. 아마도 시냇물은 잔잔하고 부드럽게 흐를 수도 있고, 거센 물살이 밀려들어 거칠게 물결이 요동칠 수도 있다. 하늘이 비교적 맑을 수도 있고 어둡고 폭풍이 몰아칠 수도 있다. 그저 알아차리고, 당신의 생각에서 탈융합하는 연습을 한다.

내가 가장 좋아하는 시각화 중 하나는 기차 플랫폼에 서 있는 것이다. 당신의 생각이 역을 오가는 기차라고 생각해 본다. 출퇴근 시간대일 수도 있고 기차가 빠르게 오가고 있을 수도 있고, 천천히 들어왔다가 나갈 수도 있다. 여기에 선택권이 있다. 플랫폼에 서 있을 것인가, 아니면 기차에 탈 것인가? 들어오는 기차는 '불안 기차'일 수도 있고 '후회 기차'일 수도 있고 '판단과 비난 기차'일 수도 있다. 이 기차들은 당신이 타고 싶은 기차인가? 이 기차들이 당신이 가고 싶은 방향으로 가고 있는가? 그렇지 않다면, 기차에 타지 않고 그냥 지나가게 하는 것은 어떨까? 만약 당신이 가고 싶지 않은 곳으로 가는 기차에 타게 된다면, 내리고 다시 현재 순간으로 돌아오면 된다.

도움이 되지 않는 생각에도 중요한 메시지가 담겨 있을 수 있다

힘든 생각도 종종 우리에게 메시지를 전하려고 한다는 사실을 기억하기 바란다. 힘든 생각을 없애려고만 하지 말고, 그 생각과 어느 정도 거리를 두고 그 생각이 당신에게 어떤 것이 중요하다고 말하는지 들어 보자. 예를 들어, 과거에 대한 생각에 융합되어 후회로 가득하다면, 그 생각이 자신에게 말하고 있는 것은 무엇일까? 당신이 자신의 가치와 일치하지 않는 방식으로 행동했다는 것이 아닐까? 이것은 귀담아들어야 할 중요한 메시지이다.

연습하기

1주차 연습

이번 주에는 생각에서 탈융합할 수 있도록 이 장에서 소개한 활동들을 실험해 보자. 생각과 충분한 거리를 두어 생각의 유용성을 평가하고, 이 활동들이 당신이 가치를 향해 나아가게 하는지 멀어지게 하는지 살펴보기 바란다.

1주차 자신을 되돌아보기

7주간의 여정을 시작하는 데 중요한 한걸음을 내디뎠다. 생각으로부터 어느 정도 거리를 두면, 생각이 삶에서 자신에게 가장 중요한 것을 향해 나아가게 하는지 멀어지게 하는지 관찰하는 데 도움이 된다. 이번 주차에 배운 내용과 자신의 기분을 되돌아보는 시간을 가져보기 바란다. 다음 질문에 대한 답을 작성해 보자.

- 융합되어 있거나, 얽매여 있거나, 빠져드는 생각들에는 어떤 것이 있는가?
- 그 생각들은 과거나 미래에 대한 생각인가, 자신에 대한 생각인가, 판단, 추론 또는 규칙인가?
- 그것이 내 삶에 어떤 영향을 미치는가?
- 내 이야기에는 어떤 것들이 있는가?
- 그 이야기가 현실을 반영하고 있는가?

• 그 이야기는 내 행동을 어떻게 이끄는가?

• 어떤 생각이 도움이 되고 어떤 생각이 도움이 안 되는지 구분할 수 있는가?

2주차

곤경에서 벗어나기

생각과 거리를 두는 연습을 했으니, 이제는 불쾌한 느낌, 감정, 신체 감각, 기억, 이미지, 충동을 억누르거나 밀어내려고 하는 대신 그것들을 위한 공간을 마련하는 작업을 할 것이다. 불쾌한 경험을 받아들이는 것에 대해 걱정하지 않아도 된다. 그럴 만한 이유가 있다. 생각에의 융합과 마찬가지로 감정을 회피하면 종종 가치와 일치하는 행동을 회피하게 된다. 따라서 2주차에서는 우리가 곤경에서 벗어날 수 있도록 돕는 수용이라는 핵심 과정에 초점을 맞출 것이다.

수용

수용이라는 단어를 포기나 체념의 일종으로 오해하는 경우가 많다. 이는 종종 무망감과도 관련이 있고, 무언가가 괜찮다는 의미로 오해되기도 한다. 수용은 현실을 있는 그대로 인정하는 것으로, 현실을 그냥 참는 것이 아니라 포용하는 것이다. 수용은 무언가를 포기하거나 단순히 견디는 것이 아니다. 수용은 변화를 선택할 수 없는 상황에서 필요하다. 변화가 가능한 상황에서는 수용이 적용되지 않는다. 이 둘을 구분하는 방법은 나중에 안내하겠다. 지금 중요한 것은 무언가를 포기하고, 괜찮다고 생각하고, 참는 것이 수용이 아니며, 모든 상황에 적용되는 것은 아니라는 점을 이해하는 것이다.

수용이란 무엇인가? 수용이라는 단어는 '제공된 것을 취하거나 받아들이는 행위'를 의미하는 라틴어 'acceptation'에서 유래했다. 이는 수동적인 과정이 아니라 능동적인 과정이다. 수용은 내가 원하는 방식이나 생각하는 방식에 갇히지 않고, 있는 그대로의 현실에 열린 마음을 갖는 것이다. 나를 포함한 많은 사람들에게, 현실과 자신이 생각하는 방식이나 원하는 방식 사이에 불일치가 있을 수 있다. 수용은 이런 불일치를 버리고 현실을 받아들이는 것이다. 수용은 사람들이 곤경에서 벗어나는 데 큰 도움이 된다.

> " 우리는 현실과 싸울 수 있다. 다른 사람이나 자신을 판단하거나 비난할 수 있다.
> 아니면 바꿀 수 없는 것을 받아들일 수도 있다.
> 마음의 평안은 진실한 것을 받아들이는 훌륭하고 열린 마음에서 나온다. 계속 갇혀 있고 싶은가? 아니면 두려운 자기감(sense of self)을 내려놓고 지금 있는 곳에서 편안히 쉬고 싶은가? "
>
> - 잭 콘필드(Jack Kornfield)

수용을 실천하는 이유

아직도 수용이 좋은 방법인지 확신이 서지 않는가? 가장 첫 번째로, 저항하는 것은 효과가 없다. 자신의 경험을 확인해 보자. 저항하는 것이 당신에게 어떤 효과가 있었는가? 어떤 변화가 있었는가? 달라지거나 더 나아진 게 있는가? 둘째, 변화를 위해서는 수용이 필요하다. 중독은 변화를 위해 수용이 필요하다는 것을 보여 주는 훌륭한 예이다. 기존의 12단계 프로그램*에서 첫 번째 단계는 수용이지만, 수용 자체가 목표는 아니다. '저는 알코올 문제가 있어요.'라고 말하는 데서 멈추지 않는다(적어도 그렇게 해서는 안 된다). 안타깝게도, 때때로 사람들은 스스로를 '중독자'로 부르며 낙인을 찍고 수치심을 느끼게 되어, 이로 인해 변화를 촉진하는 대신에 갇혀 버리는 경우가 있다. 수용과 변화의 균형을 맞추는 것이 얼마나 중요한지 알겠는가? 변화 없는 수용은 당신을 고립시킬 가능성이 높다. 수용에서 멈추지 않고 수용을 통해 변화를 촉진해야 한다. ACT는 단순히 수용에 관한 것이 아니라 수용과 변화(또는 변화에 대한 전념) 사이의 균형을 맞추는 것이기 때문에 수용전념치료라는 이름이 붙었다. 수용이 최종 목표가 아니다. ACT의 최종 목표는 수용을 통해 자신의 가치에 따른 삶을 살고, 곤경에서 벗어나며, 자신에게 중요한 것들을 향해 나아가는 것이다.

당신의 괴로운 경험이 당신에게 전달하는 메시지는 무엇인가

당신의 감정이 문제가 아님을 기억하자. 감정은 당신과 소통하고 있다. 만약 자신의

---

*역자 주: 알코올 중독의 회복에 효과가 입증된 12단계의 치료 프로그램을 말한다.

감정을 회피한다면 당신은 중요한 정보를 놓치고 있는 것이다. 생각에 융합되는 것과 마찬가지로 감정을 회피하는 것은 종종 행동 회피로 이어진다. 감정(emotion)이라는 단어의 어원은 동작 또는 움직임을 의미하는 라틴어 'motus'에서 유래했다. 그렇기 때문에 당신이 움직이는 데 기여하는 감정을 무시하면 안 된다. 감정을 무시해 왔다면, 갇혔다고 느끼는 것은 당연한 일이다.

몇 가지 예를 들어 설명해 보겠다. 현재 직장에 불만족스러운 상황이라면, 변화를 위해서는 불행한 감정을 경험해야 한다. 구직은 본질적으로 힘들고 불쾌한 과정이며, 이 과정에서 자신을 평가하고 검증하는 등의 힘든 경험에 직면해야 한다. 하지만 이런 불행한 감정은 다른 직장을 찾도록 동기를 부여하는 데 큰 역할을 한다. 직장에서 느끼는 불행한 감정을 회피하고 비디오 게임을 하거나 계속해서 술을 마시면서 감정을 무시한다면 당신은 감정을 그 의도대로 활용하지 못할 수 있다. 당신이 가치를 추구하고 전념 행동을 하기 위해서는 이런 고통스러운 감정을 받아들이고, 열린 마음으로 기꺼이 경험하려는 자세가 필요하다. 감정이 당신에게 말해 주고 있는 것은 무엇인가? 그 감정들은 당신이 어떤 방향으로 나아가도록 유도하고 있는가?

당신의 괴로운 경험이 다른 사람들에게 전달하는 메시지는 무엇인가

자신의 감정을 경험하는 것도 중요하지만 다른 사람과 감정을 공유하는 것도 중요할 수 있다. 때로는 감정을 숨기는 것이 도움이 될 수 있지만(직장에서 우는 모습을 다른 사람들에게 보여 주고 싶지 않을 수도 있다), 자신에게까지 감정을 숨기는 것은 도움이 되지 않는다. 다른 사람에게도 감정을 숨기는 것은 도움이 되지 않는 경우가 많다. 예를 들어, 슬픔을 적절한 관계 안에서 적절하게 표현한다면, 지지를 이끌어 내는 데 도움이 될 수 있다. 당신이 다른 사람에게 어떤 감정을 표현한다면 그것은 어떤 신호를 보내는 것일까?

____

____

____

____

____

균형 맞추기

그렇다면 수용과 행동의 균형을 어떻게 맞출 수 있을까? 한 가지 예를 들어 보겠다. 자동차에 엔진 경고등이 켜진다. 이 경험을 수용하는 것이 합리적일까, 아니면 행동으로 옮겨야 할까? 당신은 아마도 바로 행동으로 옮겨야 한다고 답할 것이고, 차를 정비소에 가져가야 할 것이다. 이런 상황에서 수용하는 것은 이치에 맞지 않고, 오히려 더 큰 문제를 일으킬 수도 있다. 하지만 힘들거나 불쾌한 느낌, 감정, 감각, 충동을 경험할 때는 어떻게 해야 할까? 이런 경험들이 있을 때 어떻게 할 수 있을까? 정비소에 가는 것만큼 간단할 수는 없지만, 이것이 종종 사람들이 치료를 받으러 오는 이유이기도 하다. 때때로 사람들이 치료를 받으러 올 때 치료자가 자동차를 고치는 것과 같은 방식으로 자신을 '고칠' 수 있기를 기대하거나 희망하지만, 치료는 그런 식으로 이루어지지 않는다. 어쩌면 당신이 이 책을 집어 들었을 때 기대했던 것이 바로 그런 것일 수도 있다. 그러나 고통스러운 감정은 인간이라면 누구나 겪는 자연스러운 경험이며, 이를 적절하게 다루면 앞으로 나아가는 데 도움이 될 수 있다.

힘든 감정이 나타나는 것은 행동을 취하라는 신호와 비슷하다. 이는 고쳐야 하는 문제가 있기 때문이 아니라, 행동을 취하는 것이 필요하기 때문이다. 여러 가지 면에서 감정을 무시하는 것은 엔진 경고등을 무시하는 것과 비슷하다. 감정이 전하는 메시지를 파악하고, 곤경에서 벗어나기 위해 움직이기 시작해야 한다. 고통스러운 감정은 새로운 직장을 찾거나, 나쁜 관계를 청산하거나, 연인과 감정을 공유하는 등 다양한 행동의 필요성을 알리는 신호일 수 있다. 이런 신호를 무시하는 것은 엔진 경고등을 무시하는 것과 마찬가지로 어리석은 일이며, 잠재적으로 훨씬 더 큰 피해를 초래할 수 있다. 이런 고통스러운 감정을 무시하거나 수용하지 않으려는 태도는 자신의 가치를 향해 나아가는 것이 아니라 멀어지게 할 것이다. 여러 면에서 수용 없이는 건강한 행동이 불가능하다는 것을 이제 알겠는가?

ACT 활동: 효과가 있는가

현재 당신이 겪고 있는 어려움의 정체를 확인하는 것이 도움이 될 수 있다. 현재 어떤 일로 어려움을 겪고 있는가? 어떤 힘든 감정, 기억, 신체 감각 또는 충동이 떠오르는가? 다시 말해, 이 책을 집어 들게 된 계기가 무엇인가?

____

____

____

____

____

앞에서 작성한 내용이 외적인 문제(예: 나를 존중하지 않는 연인과의 관계 문제)인지 내적인 문제(예: 평가절하된 느낌에 지친 마음)인지 확인해 본다. 이를 개선하기 위해 어떤 노력을 기울였는가?

____

____

____

____

____

때때로 사람들은 자신보다는 다른 사람을 변화시키고 싶어 상담을 받으러 오기도 한다. 상담을 통해 다른 사람을 바꿀 수 있다는 어떤 보장도 할 수 없다. '당신이 내 감정을 무시하면 내가 평가절하되는 것 같아.'라고 말하거나 '당신이 사과하고 내 감정을 더 존중해 줬으면 해.'라고 말하는 등, 보다 적극적인 의사소통을 연습하는 방법으로 자신을 변화시킬 수는 있지만, 아무리 원한다고 해도 다른 사람을 바꿀 수는 없다. 이는 좋은 방법이 될 수 있지만, 상대방은 여전히 변하지 않을 수 있다. 여기에서도 수용이 중요하다. 관계를 끝내는 행동이 필요할 수도 있다. 당신의 고통스러운 감정이 중요한 메시지를 전달하고 있다는 것을 알겠는가?

문제를 해결하기 위해 어떤 방법을 시도해 보았는지 확인해 보자. 효과가 있었는가?

____

____

____

____

____

만약 효과가 있었다면, 다행이다! 하지만 추측컨대, 당신이 이 책을 읽고 있다면, 당신은 수용하는 데 어려움을 겪고 있는 부분이 있을 것이다. 당신이 시도한 것이 무엇이든 효과가 없었다면, 특히 어려움을 겪고 있는 것이 오랫동안 가지고 있었던 내적 경험이라면, 수용이 답일 가능성이 높다.

마지막 질문이 있다. 어려움을 겪고 있는 것이 바꿀 수 있는 것이 아니라면, 그것을 받아들이지 않은 결과가 어떤 것이었나? 단기적으로나 장기적으로 어떤 대가를 치렀는가?

____

____

____

____

____

____

____

회피

때로는 회피하거나 주의를 돌리는 것도 괜찮다. 하지만 그것이 가치와 일치하는 행동에 방해가 된다면 문제가 된다. 업무와 관련된 불안이 많은 사람이 있다고 가정해 보자. 이 사람은 책상에 앉을 때마다 불안감에 휩싸여 일어나서 동료와 대화하는 경우가 많다. 가끔 일어나는 일이라면 괜찮을지 모르지만, 불안감을 피하기 위해 계속 일을 회피하다가 마감일을 놓치기 시작하고 결국 해고까지 당한다면 어떻게 될까? 당장은 불안감을 느끼지 않아도 되지만, 장기적으로는 직장을 잃게 된다. 힘든 감정을 회피하려고 할 때 이런 일이 종종 일어난다. 단기적으로는 안도감을 느낄 수 있지만 장기적으로는 대가가 따른다.

자기자비의 중요성

내적 경험을 피하는 대신 수용하거나 받아들이는 것은 정말 어려운 일이다. 그래서 당신은 오랫동안 내적 경험을 통제하거나 피하려고 노력했을 수 있다. 고통스러운 일을 겪지 않고자 하는 것은 지극히 정상적인 현상이다. 고통을 피하는 것은 도움이 될 수 있다. 그러나 안타깝게도 내면의 문제와 관련해서는 이 전략이 매우 문제가 될 수 있으며, 우리를 계속해서 곤경에 빠뜨릴 수 있다. 이런 이유로 자기자비가 중요한 것이다. 자기자비가 무엇인지 기억나는가? 자기자비는 힘든 경험을 하고 있는 친구를 대하는 것과 같은 방식으로 자신을 대하는 것이다. 친구 중 한 명이 극심한 외로움, 고조된 불안감, 괴로운 기억 또는 원하지 않는 생각과 같은 어려움을 털어놓았다고 상상해 보자. 당신은 어떻게 반응할 것인가? 일반적으로 사람들은 친절하게 대하거나 연민을 보이거나 지지를 제공할 것이고, 심지어 안아 줄 수도 있다. 친구에게 '생각하지 마.' '잊어버려.' '참아.' '술 마시고 풀어.' '그런 생각을 하는 건 멍청한 짓이야.' 등의 말을 하지 않을 거라고 생각한다. 당신이 이런 경험을 할 때 자기 자신에게는 어떻게 대하는가? 스스로에게 친절하거나 자비심을 가지고 대하거나 지지를 제공하는가? 그랬으면 좋겠다. 그렇지 않다면 이를 바꾸기 위해 노력해 보기 바란다. 힘들 때 자신에게 가장 도움이 되는 말이 무엇인지 상상해 보자. '참아.'인가, 아니면 '저런, 힘들다는 거 알아. 내가 여기 있어 줄게.'인가? 이것이 바로 우리가 지향해야 할 방향이다. 고통스러운 내적 경험을 수용하는 방향으로 나아가는 과정에서, 스스로를 친절하고 자비롭고 지지적인 태도로 대해 볼 수 있겠는가?

ACT 활동: **회피 순환주기**

이 순환주기를 기억하는가? 힘든 내적 경험, 회피 전략, 잠재적인 영향 영역을 다음의 빈칸에 작성해 보자.

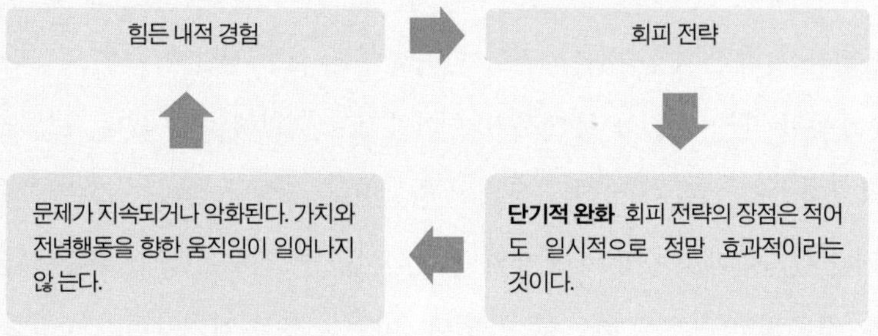
힘든 내적 경험
회피 전략
단기적 완화 회피 전략의 장점은 적어도 일시적으로 정말 효과적이라는 것이다.
문제가 지속되거나 악화된다. 가치와 전념행동을 향한 움직임이 일어나지 않는다.

다음은 힘든 내적 경험, 회피 전략, 문제가 있는 경우 발생할 수 있는 잠재적인 영향 영역 목록이다.

힘든 내적 경험	회피 전략	잠재적인 영향 영역
힘든 감정(예: 지루함, 외로움, 상실감, 부족함, 죄책감, 수치심)	주의 돌리기(예: 텔레비전, 음악, 독서, 컴퓨터 또는 비디오 게임, 업무)	배움/교육/하고 있는 일 (예: 직장, 직업, 그 외 업무 등)
강렬하거나 힘든 신체적 감각 (예: 불안, 심장 박동, 따끔거림, 저림, 호흡 곤란)	사람, 장소 또는 대상 피하기(예: 업무나 중요한 일을 미루는 것, 인파로 인해 마트나 쇼핑몰에 가지 않는 것, 데이트를 하지 않는 것)	친밀한 관계 (예: 연인 또는 배우자)
힘든 내적 경험	회피 전략	잠재적인 영향 영역
괴로운 기억이나 이미지 (예: 트라우마 경험)	생각을 멈추거나 바꾸려고 노력하기	건강관리
원하지 않는 생각 (예: 강박사고, 반추)	자신의 감정을 무시하거나 최소화하기	가족관계
충동(예: 음주, 흡연, 말다툼, 화난 상태에서 문자 메시지 또는 이메일 보내기)	알코올, 대마초 또는 기타 약물 사용하기	친구/사회적 관계

자신의 경험을 자유롭게 작성해 본다. 힘든 내적 경험, 이를 피하기 위한 방법, 그에 따른 대가에 대해 알게 된 것은 무엇인가?

___

___

___

___

___

중요한 것은 고통을 멈추는 것이 아니라 경험하는 것이다

이런 종류의 연습의 요점은 힘든 감정에 접촉하는 것이다. 때로는 자신의 감정에 접촉하는 단순한 행위만으로도 감정이 바뀔 수 있다. 특히 친절한 태도로 경험을 붙잡고 있다면, 감정을 덜 힘들거나, 덜 강렬하거나, 덜 고통스럽게 만들 수 있다. 탈융합의 핵심이 생각을 바꾸거나 멈추는 것이 아닌 것처럼, 수용은 감정을 바꾸려는 것은 아니지만 때로는 일을 더 수월하게 만들 수도 있다. 또한 때로는 일을 더 어렵게 만들 수도 있다. 그것도 괜찮다. 나는 당신과 자신의 경험을 받아들일 수 있는 당신의 능력을 신뢰하고 믿는다. 당신도 자신을 믿기 바란다.

더 이상 미루지 말고 원하는 삶을 시작하도록 하라

고통에 접촉해야 하는 이유는 무엇인가? 그것은 바로 내적 경험을 멈추거나 통제하려는 불필요한 시도로 인해 그동안 미뤄졌던 원하는 삶을 살게 하기 때문이다. 중요한 메시지를 담고 있는 감정에 마음을 열어야 한다. 탈융합하여 감정을 받아들일 수 있다면, 당신이 원하는 삶을 시작하는 데 그 감정들을 활용할 수 있다.

ACT 활동: 자비심을 가지고 경험 수용하기

다음의 연습을 통해 자신의 경험을 수용하고 자비심을 불러일으키는 데 도움이 될 수 있다.

1. 편안한 자세를 취한다. 눈을 감아도 되고, 눈을 감는 것이 불편하다면 앞쪽 바닥을 편안하게 응시한다.

2. 호흡에 주의를 기울인다. 콧구멍을 통해 숨을 들이마실 때마다 가슴과 배가 팽창하고 내쉴 때마다 수축하는 것을 알아차린다. 숨이 몸 안으로 들어왔다가 몸 밖으로 빠져나가는 느리고 율동적인 호흡의 움직임을 살펴본다.

3. 수용하기 어려운 일, 막막하게 느껴지는 일 등 자신이 힘들어하는 일을 떠올려 본다. 어떤 감정인가? 이름을 붙일 수 있는가? 슬픔이나 상실감이나 후회일 수도 있다.

4. 몸에서 느껴지는 불편한 감각을 알아차린다. 가슴이 답답하거나, 목이 메거나, 속이 울렁거리는가? 기꺼이 열린 마음으로 이런 감각을 느껴 본다. 이 감각을 외면하지 말고, 주의를 기울인다. 마음을 열고, 허용하고, 수용한다. 자신의 경험을 친절하게 대한다.

5. 외면하거나 저항하고 싶은 충동이 있는지 알아차린다. 언제든 호흡으로 돌아가 호흡에 집중할 수 있다는 것을 인식하면서, 지금 이 순간의 경험에 머무르도록 노력한다. 자신의 경험에 마음을 열고, 허용하며, 수용하기 위해 최선을 다한다. 힘들 수 있지만, 잠깐이라도 친절하게 알아차린다.

ACT 활동: **힘든 내적 경험 알아차리기**

당신의 생각이 당신이 아니듯, 당신의 감정도 당신이 아니다. 생각과 감정은 신체 감각과 함께 모두 경험의 일부이지만, 때때로 우리는 감정이 마치 우리의 본모습인 것처럼 이야기한다. 우리는 '슬프다.' '지루하다.' '외롭다.'와 같은 말을 한다. 대신 '슬픔이라는 감정을 알아차리고 있어.' '가슴이 무거워짐을 알아차리고 있어.' 또는 '공허함을 느끼고 있다는 것을 알아차리고 있어.'라고 말할 수 있다. 이는 감정을 인식하고 감정으로부터 거리를 두는 또 다른 간단한 활동으로, 감정을 더 쉽게 수용하거나 받아들일 수 있도록 도와준다.

수용 그리고 당신

수용은 스트레스, 걱정과 불안, 강박장애, 공황발작과 공황장애, 공포증, 사회불안장애, 트라우마와 PTSD, 우울증, 낮은 자존감, 완벽주의, 분노, 중독 등 앞서 이야기한 모든 것에 적용된다. 각각의 문제에 수용이 어떻게 적용될 수 있는지 살펴보자.

스트레스

스트레스를 완화시키기 위해 당신이 할 수 있는 행동이 있을 것이다. 직장에서 스트레스를 받고 있다면, 고용주와 업무량과 책임에 대해 이야기해 볼 수 있을 것이다. 자기관리(예: 잘 자고, 잘 먹고, 운동하고, 친구와 어울리고, 즐기는 일을 하는 것)에 더 신경을 쓰는 것이 도움이 될 수도 있다. 스트레스의 원인을 통제할 수 없는 상황이라면, 수용을 연습하는 것이 중요하다.

ACT 활동: 원하는 삶을 살도록 하라

원하는 삶을 사는 것을 미루게 만드는 감정, 신체 감각, 기억, 충동에는 어떤 것이 있는가? 이를 수용하기 시작하고 원하는 삶을 산다는 것은 어떤 의미일까? 다음은 우리가 원하는 삶을 사는 것을 미루는 이유와 감정을 수용할 경우 성취할 수 있는 것들에 대한 몇 가지 예이다.

- 몸매에 대해 엄청 의식하면서 살지 않으면, 데이트를 할 수 있어.
- 그렇게 불안하지 않으면, 새로운 사람들을 만날 수 있어.
- 공황발작을 겪지 않으면, 헬스장에 갈 수 있어.
- 그렇게 내가 부족하다고 느끼지 않으면, 입사 제안을 받아들일 수 있어.
- 이런 기억, 악몽, 플래시백이 없으면, 사회생활을 할 수 있어.

빈칸에 감정적, 인지적, 신체적 장애물과 성취할 수 있는 것을 작성하도록 한다.

만약 내가 ______________________ 않으면, ______________________ 수 있어.

곤경에서 벗어나기 위해 수용해야 하는 것은 무엇일까? 투쟁을 멈추고 원하는 삶을 시작할 준비가 되었는가?

- ~~몸매에 대해 엄청 의식하면서 살지 않으면~~, 데이트를 할 수 있어.
- ~~그렇게 불안하지 않으면~~, 새로운 사람들을 만날 수 있어.
- ~~공황발작을 겪지 않으면~~, 헬스장에 갈 수 있어.
- ~~그렇게 내가 부족하다고 느끼지 않으면~~, 입사 제안을 받아들일 수 있어.
- ~~이런 기억, 악몽, 플래시백이 없으면~~, 사회생활을 할 수 있어.
- ~~만약 내가~~ ______________________ ~~않으면~~, ______________________ 수 있어.

회피하는 것에 시간과 에너지를 투자하지 않을 때, 우리는 비로소 그 시간과 에너지를 의미 있는 삶을 사는 데 투자할 수 있다.

걱정과 불안

걱정과 불안의 경우, 수용이란 불확실하거나 미래와 관련된 힘든 생각을 받아들이는 것일 수 있다. 이 경우 자신이 통제할 수 없는 것들을 수용하는 것도 중요하다.

강박장애

강박장애의 경우, 수용은 강박적인 생각을 받아들이는 것이다. 이를 통해, 생각과 관련된 괴로움을 감소시키기 위해 더 이상 강박행동을 취할 필요가 없게 된다.

공황발작과 공황장애

공황발작과 공황장애의 경우, 수용은 강렬한 신체 감각을 받아들이는 것이다. 이 경우 따끔거림, 숨 가쁨, 발한 또는 안면 홍조 등의 증상을 기꺼이 그리고 열린 마음으로 받아들이는 것일 수 있다.

공포증

공포증의 경우, 수용에는 두려운 대상과 관련된 두려운 생각과 강렬한 신체 감각을 받아들이는 것이 포함된다.

사회불안장애

사회불안장애의 경우, 수용은 판단, 평가, 거절과 관련된 두려움을 수용할 심리적 여유 공간을 확보하는 것이다.

트라우마 및 PTSD

트라우마와 PTSD의 경우, 수용은 그 경험이 일어났다는 사실을 받아들이거나(수용한다는 것은 무슨 일이 일어났든 괜찮다는 의미는 아님을 기억하자) 그 기억들을 밀어내려고 하기보다는 기꺼이 맞이하는 것일 수 있다. 또한 그 경험을 떠올리게 하는 사람, 장소, 대상을 마주하고, 제한된 삶을 사는 대신 삶을 확장하는 과정에서 나타나는 괴로움을 기꺼이 받아들이는 것을 의미할 수도 있다.

우울증

우울증의 경우, 수용은 슬픔과 상실감을 받아들이는 것을 의미하며 이런 경험들이 당신에게 전달하는 메시지를 활용하여 어떻게 앞으로 나아갈지를 찾는 법을 배우는 것이다. 예를 들어, 우울증으로 인해 위축되고 고립되어 있거나 좋아하는 활동을 중단한 경우, 집 밖으로 나가 다른 사람들과 어울리고, 적어도 예전에 좋아했던 일을 시도하거나 새로운 것을 시도하는 과정에서 생길 수 있는 불편함에 마음을 열어야 할 수 있다.

낮은 자존감

자존감이 낮은 경우, 수용은 자신이 싫어하는 특정 성격이나 특성을 받아들이는 것일 수 있다.

완벽주의

완벽주의의 경우, 수용이란 불완전함을 받아들이는 것(또는 더 나아가 기꺼이 받아들이는 것)이 될 것이다.

분노

분노의 경우, 수용은 불편함을 없애기 위해 즉각적으로 분노를 표출하거나 다른 사람에게 화를 내는 방법을 사용하지 않고, 분노와 관련된 감각과 그로 인해 발생하는 긴장을 받아들이는 것일 수 있다.

중독

중독의 경우, 수용은 음주나 약물에 대한 충동을 행동으로 옮기지 않고 받아들이는 방법을 배우거나 술이나 약물을 사용하지 않고도 지루함, 외로움, 죄책감, 수치심과 같은 힘든 감정을 받아들이는 것일 수 있다.

그래도 수용하고 싶은 마음이 들지 않는다면 어떻게 해야 할까

괜찮다! 선택은 당신의 몫이며, 이는 수용하거나 하지 않거나 둘 중 하나로 선택할 수 있는 문제가 아니다. 당신은 어쩌면 어느 정도는 고통을 기꺼이 받아들일지도 모른다. 고통을 100% 받아들일 필요는 없지만, 더 많이 받아들일수록 곤경에서 벗어나기가 더 쉬워진다. 단순히 고통을 느끼기 위한 고통이 중요한 것이 아니라, 자신의 가치를 위해 충만하고 의미 있는 삶을 구축하는 것에 초점을 두고 있다는 점을 기억하기 바란다. 수용은 힘든 내적 경험이 전념행동을 막는 장애물이 되지 않고 존재할 수 있도록 한다.

수용을 하는 과정에서 어떤 특정한 장애물이 나타날 수도 있다. 감정적, 인지적, 신체적 장애물이 나타난 상황을 떠올리면서 다음의 빈칸을 작성해 보자. 만약 내가 __________(을)를 받아들인다면, 그것은 __________(이)라는 것을 의미할 것이다. 문제가 되는 일이 발생했는가? 그 결과가 사실인지 아닌지 자신에게 물어보기 바란다. 예를 들어, '상대방이 사과를 거부한 것을 받아들인다는 것은 그 사람의 행동이 괜찮았다는 뜻이겠지.'라고 생각해 보자. 수용은 어떤 것이 괜찮다는 뜻이 아니라 현실을 인정하는 것임을 기억하기 바란다. '그 사람은 사과를 하지 않았고, 이건 괜찮지 않아.'라고 느껴진다고 가정해 보자. 당신은 이런 상황도 받아들일 수 있는가? 여기서 '이야기하는 마음'의 역할을 알아차리고, 자신의 감정을 무시하거나 최소화하지 않도록 주의하면서 탈융합을 실천하는 것이 도움이 될 수 있다. 자기자비를 실천하는 것도 잊지 말고, 수용해야 할 장애물이 무엇인지도 살펴보기 바란다. 이것이 당신이 가치를 향해 나아가는 데 도움이 되는가, 아니면 발목을 잡는 걸림돌이 되는가?

연습하기

2주차 연습

이번 주차에는 이 장의 활동들을 해 보기 바란다. 이를 통해 힘든 경험에 대해 마음을 열고 막혔던 부분을 풀 수 있을 것이다.

2주차 자신을 되돌아보기

2주차 과정을 끝낸 것을 축하한다! 이번 주차에는 수용이라는 핵심 과정, 특히 힘든 감정과 같이 자신이 통제할 수 없는 것을 받아들이는 것에 초점을 맞춰 자신의 가치를 향해 나아가는 데 도움이 되는 방법을 배웠다.

지난 한 주를 돌아보며 당신의 감정에 대해 생각해 보는 시간을 갖고, 다음 질문에 대한 답을 작성해 보자.

- 어려움을 겪고 있는 상황이 변하지 않고 시도한 어떤 것도 효과가 없었다면, 수용하지 않고 저항하는 것으로 인해 치른 대가(예: 일, 건강 또는 대인관계)는 무엇인가?
- 당신이 원하는 것을 향해 나아가기 위해 수용하거나 받아들여야 하는 것은 무엇인가?
- 곤경에서 벗어나기 위해 수용해야 하는 것은 무엇인가?
- 고통스러운 내적 경험을 수용하는 과정에서 자신에게 친절하고 자비롭고 지지적인 태도를 취할 수 있는가?
- 수용하는 데 있어 장애물이 있다는 것을 알아차렸는가? 원하는 삶을 다시 시작한다는 것은 어떤 의미일까?

3주차

마음챙김을 사용하여 현재 순간에 접촉하기

3주차로 넘어가자! 3주차의 핵심 과정은 여러 가지 면에서 마음챙김과 유사한 현재 순간에 접촉하기이다. ACT의 여러 기술에는 마음챙김의 요소가 포함되어 있으며, 여기에는 우리가 이미 다루었던 2가지, 즉 탈융합과 수용이 포함된다. 이번 주차에는 지난 2주 동안 배우고 연습한 기술들을 바탕으로, 지금 이 순간의 삶을 누리는 방법인 마음챙김 기술을 배울 것이다.

마음챙김에 대해 간단히 알아보기

마음챙김이란 무엇인가? 보통은 '특정한 방식, 즉 의도적으로, 현재 순간에, 비판단적으로 주의를 기울이는 것'이라는 마음챙김에 대한 존 카밧진(Jon Kabat-Zinn)의 정의를 기억할 것이다. 다른 많은 정의들이 있지만, 나는 이 정의를 좋아한다. 마음챙김을 간단하게 정의하면, '친절한 알아차림(kind awareness)'이라고 할 수 있다. 마음챙김은 열린 마음, 호기심, 친절한 태도로 현재 순간에 존재하는 것이다. 만약 이 말이 잘 이해가 되지 않더라도 걱정할 필요는 없다. 마음챙김은 직접 경험해 봤을 때 가장 잘 이해할 수 있다. 즉, 마음챙김을 연습하면 할수록 더 잘 이해할 수 있다는 말이다. 앞으로 1주일 동안 실험할 수 있는 많은 연습을 해 볼 것이다.

마음챙김과 ACT

이번 주차에 우리가 초점을 맞추고 있는 기술인 현재 순간에 접촉하기는 기존에 마음챙김이라고 불리는 것과 가장 유사하다. 그러나 우리가 앞서 다루었던 다른 핵심 과정인 탈융합과 수용에 마음챙김 기술이 내재되어 있다. 당신이 앞서 이 책에 나온 전략과 활동을 연습해 봤다면, 당신은 이미 마음챙김을 실천한 것이다. 놀랍지 않은가!

마음챙김에 대한 오해

우리가 마음챙김을 다른 방식으로 연습해 보기 전에, 마음챙김에 대한 몇 가지 흔한 오해들을 바로잡고 넘어가자.

마음챙김은 종교가 아니다

마음챙김은 불교와 관련되기도 하지만, 기독교나 유대교를 포함한 다른 많은 종교들이 갖고 있는 관습에서도 찾아볼 수 있다. 그러나 마음챙김이 그 자체로 종교인 것은 아니다. 마음챙김은 다양한 종교들에서 수행의 일부로 이루어지기도 하지만, ACT나 이 책에서 소개하는 마음챙김은 그런 것이 아니다. 여기에서의 마음챙김은 종교적인 수행이 아니다.

마음챙김은 이완 기술이 아니다

많은 사람들이 마음챙김을 이완을 위한 기술이라고 오해하기도 한다. 그러나 이런 생각은 마음챙김의 핵심을 잘못 이해한 것이다. 마음챙김의 목적은 어떤 식으로든 경험을 바꾸려는 것이 아니라, 힘들더라도 지금 이 순간에 있는 모든 것에 마음을 열고 현재에 집중하는 법을 배우는 것이다. 마음챙김을 하는 사람들은 종종 (항상 그런 것은 아니지만) 더 이완되는 것을 느낄 것이고, 이는 환영할 만한 마음챙김의 부산물일 뿐이다. 마음챙김은 어떤 경험이든 간에 그 경험에 머무르고 그 경험을 기꺼이 맞이하는 방법을 배우는 것이다. 우리는 힘든 생각과 감정을 없애거나, 통제하거나, 그로부터 주의를 돌리려고 하는 것이 아니다. 정반대로 우리는 여러 가지 방식을 통해 힘든 생각과 감정에 접촉하려고 한다.

마음챙김은 마음을 비우는 것이 아니다

마음챙김에 대한 흔한 오해 중 하나는 명상을 하면 마음이 비워진다는 것이다. 내담자들은 나에게 '마음챙김을 시도해 봤지만, 저한테는 효과가 없었어요.'라고 말한다. 내담자들의 반응은 명상을 하는 동안 편안함을 느끼지 못했거나, 기적이 일어난 것처럼 마음이 하는 이야기가 멈추지 않았거나 둘 중 하나였다. 당신의 기대를 저버려서 안타깝지만, 마음이 차단된다면 당신은 죽게 될 것이다! 항상 재잘거리며 무언가를 이야기하고자 하는 것은 마음의 본성이다. 어떤 날은 약간의 재잘거림이었다가 어떤 날은 빠르게 밀려드는 생각들이 마음속을 가득 채우기도 할 것이다. 이런 생각들을 비판단적으로 알아차리기 위해 마음챙김을 사용할 수 있다.

비판단의 개념도 종종 잘못 이해되는 경우가 있다. 판단하지 않는 연습을 한다고 해서 모든 일에 반응을 하지 않는다는 의미는 아니다. 당신은 인간이기 때문에 반응할 수밖에 없다. 이는 판단을 너무 심각하게 받아들이지 않거나 거리를 두고 그 판단을 관찰하는 것을 의미한다. 가끔 나는 로스앤젤레스 시내에 있는 사무실에서 마음챙김을 연습하는데, 자동차의 경적 소리, 공사 소음, 사람들의 고함소리가 들릴 때가 있다. 어떤 때는 이런 소리들이 나를 화나게 하고, 멈췄으면 한다. 하지만 나는 이런 반응을 마음챙김 수행의 일부로 알아차릴 뿐이다.

마음챙김은 빠른 해결책이 아니다

이 말을 듣고 싶지 않을 수도 있지만, 사실 마음챙김은 빠른 해결책이 아니다. 마음챙김에 대해 좋은 이야기들을 많이 들어 봤을 것이고, 실제로도 마음챙김에는 좋은 점들이 많이 있다. 그러나 1주일 동안 마음챙김을 한다고 해서 당신의 삶이 기적적으로 바뀌지는 않을 것이다. 그렇다고 수도승이 되어 하루에 몇 시간씩 몇 년 동안 명상을 해야만 그 효과를 볼 수 있다는 말도 아니다. 실제로, 2010년에 출판된 메타분석 논문에 따르면, 마음챙김을 조금만 해도 도움이 될 수 있다고 밝혀졌다. 마음챙김은 다른 모든 기술과 마찬가지로 장기적으로 꾸준히 연습해야 한다. 마음챙김은 하루 중 많은 시간을 할애하거나 수년간 연습해야 효과를 볼 수 있는 것이 아니다. 나는 좌선 모임에 가거나 수련회에 참석하지 않는 한 5~10분 이상 명상하는 일이 거의 없으며, 몇 년 동안이나 마음챙김을 연습해 왔지만, 단 몇 주 동안 꾸준히 연습했을 때도 효과를 체험할 수 있었다. 자신에게 잘 맞는 방식으로 시작하는 것이 좋다. ACT는 유연성을 기르는 것이므로 하루에 5분이나 30분 동안 명상을 할 수 있다면 그것도 좋다. 다음은 시도해 볼 수 있는 간단한 활동이다.

ACT 활동: 간단한 마음챙김 전략

하루 동안 다양한 시간대에 휴대폰 알람을 설정한다. 알람이 울릴 때마다 당신 자신 그리고 현재 순간에 경험하는 것을 확인한다. 어떤 생각, 어떤 감정, 어떤 감각이 떠오르는가? '이야기하는 마음'에 빠져 있었는가? 그렇다면 이 순간을 이용해 현재로 돌아오는 연습을 해 본다.

> "우리 대부분은 미래에 대한 계획, 기대, 야망이나 과거에 대한 후회, 죄책감, 수치심에 사로잡혀 평생을 보냈다. 이 전쟁을 끝내는 방법은 바로 현재에 집중하는 것이다."
>
> – 잭 콘필드(Jack Kornfield)

트라우마에 대한 참고사항

특히 트라우마를 경험했거나 PTSD가 있는 경우, 눈을 뜨고 외부 세계에 집중하며 주변의 광경, 냄새, 촉감, 미각, 소리를 음미하는 것으로 마음챙김 연습을 시작하는 것이 도움이 될 수 있다. 창의력을 발휘해서 주변에 있는 것들을 활용해 실험해 보기 바란다. 심지어 개나 고양이를 마음챙김의 일환으로 쓰다듬어 볼 수도 있다.

연습해 보자

현실적이라고 생각되는 시간(하루에 5분, 10분, 15분)으로 시작하고, 매일 하는 것이 현실적이지 않다고 느껴지면 주중에만 하거나 1주일에 3일만 할 수도 있다. 마음챙김을 시작할 때 가이드 음원을 들으면서 하는 것이 좋다. 많은 마음챙김 앱과 기타 자료들을 통해 가이드 음원을 구할 수 있다. 자료들(p. 196)을 보고, 당신에게 무엇이 잘 맞는지 살펴보기 바란다. 많은 사람들이 아침 첫 일과로 마음챙김을 하는 것이 가장 좋다고 하지만, 당신에게 가장 좋은 방법을 찾기 위해서는 실험을 해 봐야 한다. 밤에 마음챙김을 하다가 잠이 들 수도 있다는 점에 주의하자. 어떤 사람들은 마음챙김이 잠드는 데 도움이 된다고 하지만, 우리가 여기서 의도하는 바와는 다르다. 우리가 의도하는 바는 현재 순간에 접촉을 시도하는 것이다. 어떤 방식을 선택했든지, 자신에게 잘 맞는 시간대에 규칙적으로 연습하면 된다.

연습을 위한 팁

연습을 시작하기 전에 몇 가지 팁을 소개하고자 한다.

자세

대부분의 사람들은 앉는 자세를 선택하지만, 반드시 완벽한 가부좌를 할 필요는 없다. 그냥 의자에 앉아서 해도 된다. 또한 누워서도 할 수 있다. 실제로 나는 요가 전후에 사바아사나 자세(savasana)*로 마음챙김하는 경우가 대부분이다. 다만, 잠들지 않아야

*역자 주: 시체 자세라고도 불리며, 몸과 마음의 긴장을 완전히 풀고 몸을 편안하게 누워 휴식을 취하는 자세이다.

한다는 점에 주의해야 한다. 이런 점 때문에 어떤 사람들은 졸지 않기 위해서 일어선 상태로 마음챙김을 하기도 한다. 앉아서 마음챙김을 한다면, 턱을 살짝 아래로 당기거나 가상의 끈으로 정수리를 위로 끌어올린다고 상상할 수 있다. 양손은 무릎에 접어 올려놓거나 허벅지에 올려놓을 수 있다. 상체를 똑바로 세우고 앉아서 깨어 있는 상태를 반영한다. 대부분의 사람들은 몸에 편한 자세를 취하기 위해 발은 바닥에 단단히 댄 상태로 앉거나 양반다리를 하고 앉는 것을 선택한다. 눈을 감아도 되고, 눈을 감는 것이 불편하다면 앞쪽 바닥을 편안하게 응시하도록 한다.

가만히 있기 어려운 경우

때때로 사람들은 마음챙김을 할 때 움직임이 전혀 없어야 한다고 생각하기도 한다. 가만히 정지한 상태를 유지하는 것은 알아차림과 현재 순간에 주의를 두는 데 도움이 되지만, 마음챙김을 하는 동안 가만히 있기 어려울 수 있다. 여기서 할 수 있는 선택은 움직이느냐 안 움직이느냐이다. 특히 오랜 시간 동안 마음챙김을 한다면, 필요한 경우에는 움직일 수 있다. 나는 반사적으로 움직이기보다는 의도를 가지고 움직일 것을 권한다. 사실 움직임을 마음챙김의 일부로 활용할 수도 있다.

주의집중을 방해하는 요소들

주의집중을 방해하는 요소들을 제한하는 것은 좋지만, 완전히 없애는 것은 불가능하다. 한 가지 좋은 방법은 방해 요소들을 연습에 활용하는 것이다. 들려오는 소리나 다른 방해 요소들을 알아차려 보자. 외적인 것이든 내적인 것이든, 분명 방해 요소가 나타날 것이다.

판단

마음챙김을 처음 접하는 사람들에게 가장 큰 장벽 중 하나는 자신이 마음챙김을 잘못된 방식으로 하고 있다는 느낌이다. 이는 '난 부족한 사람이야.'라는 이야기가 나타날 수 있는 또 다른 장소이기도 하다. 결국 '이야기하는 마음'이 마음챙김을 통해서도 차단할 수 있는 것이 아니라면, 어떻게 하는 것이 좋을까? 탈융합 기술을 연마하여 '이야기하는 마음'에서 한발 물러나 이를 객관적으로 바라보는 기회로 삼는 것은 어떨까? 그저 그것을 알아차리고 조용히 '판단'이라고 이름을 붙이며 말하거나, 마음속으로 '고마워, 마음아.'라고 말하고 다시 현재 순간으로 돌아오는 연습을 하면 된다. 당신이 잘못하고 있는 것이 아님을 알아두자. 신체 감각, 호흡, 소리, 심지어 외부의 사물이나 활동 등 주의를 집중하는 대상에 다시 주의를 기울일 수 있다면, 명상을 잘하고 있다는 신호이다. 어떤 판단이 일어나든, 그것은 '이야기하는 마음'에서 비롯되었다는 것을 기억하기 바란다. 명상을 하는 동안 '이야기하는 마음'에 사로잡히는 것은 피할 수 없는 일이다. 사실, '이야기하는 마음'에서 벗어나 현재 순간에 접촉하기 위해 필요한 만큼 몇 번이고 반복해서 돌아오는 것이 진정한 마음챙김이다. 연습하는 동안 인내심을 갖고, 친절하고, 너그럽게 자신을 대하도록 하자. 마음챙김은 단순히 현재 순간을 알아차리는 것이 아니라 친절하게 알아차리는 것이라는 점을 기억하자.

형식을 갖춘 마음챙김 vs. 형식이 자유로운 마음챙김

마음챙김에는 2가지 유형이 있는데, 그것은 바로 형식을 갖춘 마음챙김과 형식이 자유로운 마음챙김이다.

형식을 갖춘 마음챙김이란

형식을 갖춘 마음챙김은 하루 중 시간을 내서 바디스캔(body scan)이나 호흡 마음챙김 명상, 또는 이번 주차에 소개하는 다른 활동들을 연습하는 것이다.

형식이 자유로운 마음챙김이란

형식이 자유로운 마음챙김은 일상활동 중에도 비슷한 방식의 알아차림을 적용하는 것을 말한다. 예를 들면, 양치질을 하거나, TV를 보거나, 식사를 준비하고 음식을 먹으면서 마음챙김을 할 수 있다. 형식이 자유로운 다른 마음챙김 활동들도 알아보자.

주: 어떤 경우, 특히 형식을 갖춘 마음챙김을 위한 시간을 내기 어렵다고 느끼는 사람들은 형식이 자유로운 마음챙김에만 의존하려고 하기도 한다. 그러나 나는 이에 강력하게 반대한다. 2가지 모두가 필요하다. 형식을 갖춘 마음챙김은 길어도 3분밖에 걸리지 않는다는 것을 기억하기 바란다. 마음챙김은 하루 일과에서 시간을 얼마나 할애하느냐가 아니라, 얼마나 전념하느냐에 달려 있다. 형식을 갖춘 마음챙김이 특별히 생산적이지 않다고 느껴지기 때문에 전념하기 어려울 수 있다. '하루 중 5분을 시간 내서 가만히 앉아 있으라고?'라고 생각할 수도 있다. 그렇다! 하지만 가만히 앉아서 아무것도 하지 않는 것이 아니다. 꼭 그렇게 느껴지지 않더라도 당신이 하고 있는 행동은 상당히 중요하다. 당신은 마음을 재훈련하고 있는 것이다. 그 시간이 허투루 보낸 시간이 아님을 알아야 한다. 생각 없이 페이스북이나 인스타그램을 보는 것보다는 더 생산적인 시간을 보내는 것은 분명하다. 당신은 얼마나 많은 시간을 인스타그램 피드를 넘기면서 보내고 있는가? 그렇게 시간을 보내는 대신, 이를 마음챙김 연습을 하라는 신호로 생각해 보기 바란다. 스마트폰을 들고 페이스북이나 인스타그램을 하려는 충동이 들 때마다 잠시 멈추고 마음챙김을 해 보자. 몸과 호흡의 감각에 주의를 기울이고 자신에게 물어보기 바란다. 어떤 생각이

떠오르는가? 어떤 감정이 드는가? 어떤 감각이 느껴지는가? 축하한다! 방금 한 것이 바로 마음챙김이다.

ACT 활동: 형식이 자유로운 마음챙김

일상활동

양치질, 샤워, 설거지 등 다양한 일상활동을 하면서도 마음챙김을 할 수 있다. 양치질을 하면서 마음챙김을 하기로 했다면, 우선 속도를 늦추고 치약 튜브가 손에 어떻게 느껴지는지, 튜브에 압력을 가할 때 어떤 느낌이 드는지, 치약이 나와 칫솔에 닿을 때 치약의 색과 모양, 양치질할 때의 감각, 맛 등을 알아차린다. 샤워하면서 마음챙김을 하기로 했다면, 몸에 쏟아지는 물의 느낌과 온도, 샴푸, 컨디셔너, 바디워시의 냄새를 알아차린다. 설거지를 하면서 마음챙김을 하기로 했다면, 그릇을 잡은 느낌, 그릇의 무게와 모양, 물과 거품, 그릇을 깨끗이 닦을 때의 감각을 알아차린다.

ACT 활동: 형식이 자유로운 마음챙김

먹기 마음챙김

의식적으로 먹는 연습도 할 수 있다. 전통적으로는 건포도가 사용되지만, 어떤 음식으로든 먹기 마음챙김이 가능하다. 나는 요거트로 먹기 마음챙김을 시도한 적이 있는데, 요거트의 식감이 정말 환상적이라 그 후로 이전과는 다른 방식으로 요거트를 보게 되었다! 이번 주차에는 과자나 음식을 의식적으로 먹어보는 것을 시도해 보자. 음식의 모양, 색, 식감을 천천히 음미하며 먹는 것을 잊지 않도록 한다. 냄새가 어떤지, 맛이 어떤지 알아차린다. 음식을 씹을 때와 삼킬 때 입안에서 느껴지는 느낌을 알아차린다.

ACT 활동: 형식이 자유로운 마음챙김

걷기 마음챙김

이 연습은 보통 목적지를 향해 이동하는 것이 아니라, 몇 걸음을 걸은 후 방향을 바꾸어 다시 돌아와서 같은 구간을 반복하는 방식으로 걷기 마음챙김을 한다. 천천히 걸어본다. 걸을 때 속도를 늦추면 균형을 잃을 수도 있으니 필요한 경우 벽이나 잡을 수 있는 물체 근처에서 연습하는 것이 좋다. 한 쪽 발을 천천히 공중으로 들어 올리고, 앞으로 나아가면서 몸의 무게를 이동하고, 천천히 발을 다시 땅에 내려놓으면서 발이 바닥에 닿는 압력과 접촉을 알아차리고, 다른 쪽 발을 들어 올리는 것을 알아차린다. 그리고 이 과정을 반복한다.

ACT 활동: **형식을 갖춘 마음챙김**

바디스캔

MBSR에서 시행하는 첫 번째 형식을 갖춘 마음챙김은 바디스캔이다. 이는 몸의 감각을 알아차리는 방식이다. 일반적으로 바디스캔은 누워서 하지만, 의자에 앉아서도 할 수 있다. 발끝이나 머리끝에서 시작하여 몸의 위나 아래로 올라가거나 내려갈 수 있다. 마음이 방황하는 것을 알아차릴 때마다 집중하고 있던 신체 부위의 감각으로 돌아온다. 5분에서 45분까지 얼마든지 할 수 있다. 바디스캔을 하는 동안 특히 가이드 음원이 도움이 될 수 있다. 관련 자료는 부록(p. 196)을 참조하기 바란다.

ACT 활동: **형식을 갖춘 마음챙김**

감정에 대한 마음챙김

수용에 초점을 맞춘 2주차에서 감정을 알아차리는 연습을 했는데, 이 역시 현재 순간에 접촉하는 방법이기도 하다. 어떤 감정이 나타나든 그 감정에 접촉해 보자. 감정이 몸의 어느 부위에서 발생하는지 알아차리고, 감정과 관련된 신체 감각을 알아차리고, 그 감정에 이름을 붙이고, 주로 어느 부위에서 나타나는지, 강도나 세기에 변화가 생기는지, 몸의 여기저기로 이동하고 움직이는지 알아차린다. 특히, 힘들고 불쾌하고 고통스러운 감정이 나타나는 경우, 자신에게 열린 마음으로 수용적이고 친절하게 대하도록 한다.

ACT 활동: **형식을 갖춘 마음챙김**

호흡에 대한 마음챙김

호흡에 대한 단순한 알아차림은 가장 전통적이고 흔하게 사용되는 마음챙김 활동이다.

1. 주의를 내부로 돌려 호흡으로 향하게 한다. 콧구멍을 통해 공기가 들어와 가슴과 복부를 채우는 것을 알아차리고, 들숨에 가슴과 배가 확장되고, 날숨에 수축되는 것 그리고 들숨과 날숨 사이에 잠깐의 멈춤을 알아차린다.

2. 호흡의 한 측면에 주의를 기울일 수도 있다. 예를 들어, 숨을 들이마실 때마다 주의를 기울여 알아차림과 주의를 새롭게 환기시키는 기회로 사용할 수 있다.

3. 호흡이 몸속에서 연속적인 움직임으로 느껴지며, 호흡이 들어오고 나가는 순간마다 그 움직임을 추적할 수 있다.

4. '이야기하는 마음'에 휩쓸리지 않고 현재 순간에 존재할 수 있도록 호흡을 10까지 세고 다시 시작하는 방법도 있다.

ACT 활동: 형식을 갖춘 마음챙김

소리에 대한 마음챙김

때로는 호흡에 집중하기 어렵거나 천식과 같이 호흡에 어려움이 있는 경우, 호흡에 집중하는 것이 불안을 유발할 수 있다. 이런 이유로 또는 단순히 소리에 대한 마음챙김을 하는 것을 선호하기도 한다. 나는 소리에 대한 마음챙김을 좋아한다. 소리는 내 주의를 쉽게 끌기 때문에 시시각각 변하는 주변의 소리에 귀를 기울이고 그 변화를 알아차리는 것을 즐긴다. 음악을 틀거나 특별한 어떤 것을 할 필요는 없다.

1. 눈을 감는 게 편하면 눈을 감거나, 앞의 바닥을 바라보고 주변에서 자연스럽게 발생하는 소리를 듣는다.
2. 유쾌하거나 불쾌한 소리에 대한 자신의 반응을 알아차린다. 상대적으로 고요한 순간을 알아차린다. 시끄럽고 거슬리는 소리가 들리는지, 에어컨이나 시계가 째깍거리는 소리와 같이 지속적이고 조용한 소리가 들리는지 알아차린다.
3. 소리를 찾으려고 애쓸 필요는 없다. 그냥 주변에서 자연스럽게 발생하는 소리를 듣는다.
4. 어떤 평가나 분류를 하지 않으면서 순간순간 주변에서 일어나는 소리 그 자체를 받아들이고 경험한다.

ACT 활동: **형식을 갖춘 마음챙김**

생각에 대한 마음챙김

1주차에 우리는 탈융합에 초점을 맞춰 생각을 알아차리는 연습을 했지만, 이는 현재 순간에 접촉하는 방법이기도 하다. 여기에서는 생각이 떠오를 때 판단하지 않고, 생각에 빠지거나 얽매이지 않으며, 열린 마음으로 생각을 관찰하는 관찰자로서 생각을 시냇물에 떠 있는 나뭇잎이나 하늘의 구름으로 시각화하여 알아차릴 수 있다.

ACT 활동: **형식을 갖춘 마음챙김**

선택 없는 알아차림 혹은 열린 알아차림

이 활동은 내가 가장 좋아하면서도 가장 자주 사용하는 마음챙김 활동이다. 여기서는 이전 연습에서처럼 신체 감각, 호흡, 소리, 생각, 감정과 같이 어떤 한 측면에만 주의를 두는 것이 아니라 인식의 범위를 확장하여 모든 측면을 포함한다. 어느 한 순간에 생각이 떠오르면 생각을 알아차리고, 다음 순간에 신체 감각이 떠오르면 신체 감각을 알아차리고, 다음 순간에 소리가 떠오르면 소리를 알아차린다.

왜 마음챙김이 중요한가

마음챙김이 ACT에서 왜 중요한지 궁금할 수도 있다. 그 이유는 무엇일까? 마음챙김의 요소를 포함하는 탈융합, 수용, 현재 순간에 접촉하기, 관찰자 자기 기술은 모두 생각, 감정, 기억, 감각, 충동과 같은 힘든 경험에 즉각적으로 반응하지 않고 주의를 기울일 수 있게 해 주기 때문에 중요하다. 대신, 주어진 상황에서 자신의 가치에 따라 어떻게 대응할지 의식적으로 결정할 수 있다. 다시 한번 강조하지만, 이는 전념행동을 통해 자신의 가치에 따른 삶을 살 수 있는 공간, 열린 마음, 유연성을 만드는 것이다.

어떻게 보면 ACT의 6가지 핵심 과정 모두 현재 순간과 연결되어 있다. 탈융합과 수용이 가능한 것은 바로 지금 이 순간이다. 또한 가치와 전념행동이 일어나는 곳이기도 하다. 요점은 단순히 현재 순간에 존재하는 것이 아니라, 현재 순간에 존재하는 능력을 향상시켜 자신에게 도움이 되지 않는 오랜 습관을 통해 반사적으로 반응하지 않고 대응할 수 있도록 돕는 것임을 기억하기 바란다.

자비란 무엇이며
자비는 마음챙김과 어떤 관련이 있는가

자비는 마음챙김의 핵심이다. 자비란 무엇인가? 나는 '고통이나 괴로움을 보고 느끼는 마음의 떨림'이라는 샤론 잘츠버그(Sharon Salzberg)의 정의가 마음에 든다. 우리가 다른 이의 고통을 공감하거나 느끼고, 그 괴로움을 덜어 주고자 하는 마음이 바로 자비이다. 괴로움이 자기 자신에게 있을 때, 자기 자신을 위해 그 괴로움을 덜어 주고자 하는 마음은 자기자비가 된다. 지난 주차에 수용에 대해 논의했을 때 자비, 특히 자기자비의 중요성에 대해 간략하게 다뤘다. 왜냐하면 수용은 정말 어려울 수 있기 때문이다. 현재 순간에 존재하는 것도 정말 어렵다. 알아차림이나 마음챙김이 증가하면 어려움도 증가한다. 그렇기 때문에 알아차림이나 마음챙김이 증가하면 자비도 증가해야 한다. 불교에서는 마음챙김을 새의 한쪽 날개로, 자비를 다른 한쪽 날개로 비유하며 두 날개가 모두 있어야 날 수 있다고 이야기한다. 다시 말해, 삶에서 어려움을 더 잘 알아차리게 되면 이를 견뎌 내기 위해 자비가 필요하다는 뜻이다. 자비는 알아차림이나 마음챙김과 마찬가지로 우리가 강화할 수 있는 능력이다.

과거와 미래는 중요하지 않은가

때때로 사람들은 마음챙김이나 현재 순간에 접촉하는 것에 대해 혼란스러워하며, 마음챙김이 과거나 미래를 무시하는 것이라고 생각한다. 이 또한 오해이다. 현재 순간에 접촉한다고 해서 과거나 미래를 무시하는 것은 아니다. ACT의 시각에서는 과거와 미래는 지금 여기에 존재하지 않지만, 언어나 '이야기하는 마음'이 그렇게 보이도록 만든 것이라고 본다. 과거의 기억을 만들어 내고 미래를 구성하는 것도 '이야기하는 마음'이다. 과거에 얽매여 살거나 미래에 대해 걱정하는 것은 '이야기하는 마음'에 사로잡혀 있다는 신호이다. 당신은 여기에서 벗어나 현재로 돌아오고 싶어 할 것이다. 과거나 미래에 살지 말아야 하는 이유는 무엇인가? 그 이유는 현재 순간만이 실제로 변화가 가능한 유일한 장소이기 때문이다. 과거에서 배우거나 미래를 계획할 수도 있지만, 그것들도 현재 순간에서 일어나는 일이다.

ACT 활동: 형식을 갖춘 마음챙김

움직임에 대한 마음챙김: 요가, 태극권, 기공(氣功)

움직임에 대한 마음챙김을 하는 것도 고려해 볼 수 있다. 마음챙김을 더 많이 연습할수록, 나는 실내 자전거를 타는 고강도 운동에 대한 욕구가 줄어들고 요가를 더 많이 하게 되었는데, 요가는 여러모로 마음챙김 수련의 기초가 되었다. 앉아서 하는 마음챙김을 좋아하지 않는다면, 요가, 태극권, 기공과 같이 움직임에 대한 마음챙김을 하는 것도 좋다.

연습하기

3주차 연습

어떤 마음챙김이 당신에게 효과적이라고 생각하는가? 형식을 갖춘 마음챙김과 형식이 자유로운 마음챙김을 각각 하나씩 선택해 보자. 얼마나 오래 연습할 계획인가? 1주일에 며칠 동안 연습할 계획인가? 어디에서 연습할 계획인가? 이 책의 뒷부분에 있는 마음챙김 관련 자료들(p. 196)을 확인해 보기 바란다. 마음챙김을 시작하는 데 도움이 될 것이다.

다음의 표를 활용해서 진행 상황과 연습하는 동안 관찰한 내용을 확인할 수 있다.

	월	화	수	목	금	토	일
형식이 자유로운 마음챙김 중 어떤 것을 했는가?							
언제 연습했는가?							
어디에서 연습했는가?							
얼마나 오랫동안 연습했는가?							
무엇을 관찰했는가?							
형식을 갖춘 마음챙김 중 어떤 것을 했는가?							
언제 연습했는가?							
어디에서 연습했는가?							
얼마나 오랫동안 연습했는가?							
무엇을 관찰했는가?							

이런 기술들을 발전시키는 것은 오직 연습을 통해서만 가능하다는 것을 기억하기 바란다. 많은 시간이 걸리지는 않지만 노력이 필요하다.

극적으로 들리겠지만 마음챙김은 당신의 삶을 진정으로 변화시킬 수 있다. 이번 주차 이후에도 마음챙김을 계속 연습할 뿐만 아니라, 마음챙김 연습에 도움을 받고, 지속하고자 한다면 주변에 마음챙김 수련을 하는 곳을 찾아보기 바란다.

3주차 자신을 되돌아보기

3주차를 끝낸 것을 축하한다! 이번 주차에는 탈융합과 수용을 넘어서 현재 순간에 접촉하는 방법으로 마음챙김을 사용하는 방법에 대해 자세히 배웠다. 이번 경험이 자신에게 어떤 경험이었는지 되돌아보는 시간을 가져 보자.

4주차

자신의 경험 관찰하기

4주차에는 관찰자 자기 혹은 맥락으로서의 자기라고도 불리는 ACT의 핵심 과정에 대해 다룰 것이다. 이 과정은 이미 다룬 기술, 즉 탈융합, 수용, 현재 순간에 접촉하기 기술의 기초가 되는데, 모두 경험을 관찰하거나 한 발짝 물러나는 것과 관련이 있다. 이번 주차에는 지난 3주 동안 연습하고 발전시켜 온 마음챙김 기술을 좀 더 깊게 발전시켜 볼 것이다. 자신의 경험을 관찰하거나 알아차릴 수 있는 자신의 일부분과 연결하여 진행할 것이다.

관찰자 자기란 무엇인가

관찰자 자기는 자신의 경험을 알아차리는 당신의 일부라고 볼 수 있다. 예를 들어, 당신은 생각을 하거나, 생각을 하고 있다는 것을 알아차릴 수 있다. 심지어 자신이 생각하고 있다는 것을 알아차리고 있다는 것을 알아차릴 수 있다. 이게 바로 관찰자 자기이다. 관찰자 자기는 당신이 알아차리거나, 알아차리고 있다는 것을 알아차리는 부분이다. 나는 그것을 당신 내부에 존재하는 인식의 일부분이거나 인식 자체로 여기는 것이 좋다고 생각한다.

관찰자 자기는 마음챙김 연습을 필요로 한다. 이는 자신이 어떻게 경험하는지 인식하도록 마음챙김 기술을 활용한다. ACT에서 마음챙김은 6가지 핵심 과정 중 일부 과정, 특히 탈융합, 수용, 현재 순간에 접촉하기, 관찰자 자기와 관련 있다.

관찰자 자기가 중요한 이유는 안정적이고 변하지 않는 자신의 내면의 안전한 공간과 연결할 수 있기 때문이다. 이 공간 안에서 자신의 경험으로부터 한 걸음 물러나 관찰하면 매우 힘든 경험도 보다 쉽게 관리할 수 있다.

생각이나 감정과 같은 경험의 측면이 날씨와 같다고 생각해 보자. 관찰자 자기는 아무리 어둡고 폭풍우가 몰아치더라도 이 모든 것을 품고 있는 하늘이다. 페마 초드론(Pema Chödrön)이 말한 것처럼, '당신은 하늘이고, 다른 모든 것은 날씨이다'. 가끔 고통이 너무 커서 자신을 무너뜨릴 것 같지만, 자신의 일부와 연결할 수 있다면 아무리 큰 고통이라도 친절한 알아차림으로 그 경험을 견딜 수 있을 것이다. 힘든 경험에 직면하는 것은 고통을 느끼려고 하는 게 아니라, 오히려 자신의 가치에 따른 삶을 통해 더 나은 삶을 살 수 있도록 하는 데 목적이 있다는 것을 기억하기 바란다.

나는 누구일까

관찰자 자기와 연결하는 것은 다소 어려울 수 있다. 종종 관찰자 자기와 연결하면 자신이 누구인지 또는 무엇인지에 대해 의문을 품게 될 수 있다. 관찰자 자기가 진짜 '나'라는 것은 아니며, 단지 내가 접근할 수 있는 나의 일부일 뿐이다. 내면의 안전한 공간인 관찰자 자기는 힘든 경험을 거리를 두어 관찰하고, 공간을 마련할 수 있게 해 준다. 힘든 경험을 알아차릴 수 있으면, 자신의 가치에 따른 삶을 더 잘 살 수 있다.

관찰자 자기에 연결하는 데 어려움을 겪고 있다면, 개념화된 자기(conceptualized self)라고 부르는 것에 매여 있을 수 있다. 개념화된 자기는 쉽게 말해 내가 누구인지에 대한 생각, 견해, 신념이다. 이 또한 사실일 수 있다. 예를 들어, 내가 33세의 백인, 이성애자, 시스젠더(cisgender)* 여성이라고 가정해 보겠다. 나는 심리학자이다. 나는 미국 로스엔젤레스에 살고 있다. 이것들이 사실일 수는 있지만, 이는 나에 대한 사실이나 현실 또는 내가 수행하는 특정 역할일 뿐, 나를 정의하는 것은 아니다.

ACT 활동: 당신의 역경은 당신이 아니다

당신은 또한 당신의 역경에 너무 매몰되어 있을 수도 있다. 예를 들어, '난 우울해.' '난 불안해.' '난 트라우마에 시달리고 있어.' '난 중독자야.'와 같은 말이 있다. 이런 진술이 사실일 수도 있지만, 당신이 하고 있는 경험의 단지 일부분만 가지고 스스로를 제한하는 방식으로 이름 붙이고 있는 것은 아닌지 생각해 볼 필요가 있다. 자신에 대한 어떤 이야기, 생각, 신념, 판단, 묘사, 이름에 매몰되어 있는가? 이것들이 어떤 식으로든 성찰하고 변화할 수 있는 당신의 능력을 제한하고 있지는 않은가?

---

*역자 주: 생물학적 성과 성정체성이 일치하는 사람을 일컫는 말이다.

____

____

____

____

____

이는 당신의 이야기, 생각, 신념, 판단, 묘사를 바꾸려고 하는 것이 아니라는 것을 기억하자. 당신에 대한 사실들이 있을지라도, 그것들이 당신은 아니다. 당신은 단순히 삶에서 일어난 사건과 사실로 정의되지 않는, 복잡하고 다양한 면모를 지닌 존재이다.

자신에 대한 생각에 집착하여 불필요하게 스스로에게 부과하는 한계가 있을 수 있다. 여기서의 목표는 자신에 대한 이런 개념에 과도하게 집착하는 것을 버리고, 사고의 유연성을 높이며, 궁극적으로 행동의 유연성을 높이는 것이다.

ACT 활동: 당신이 알아차리고 있다는 것을 알아차리기

마음챙김과 마찬가지로 관찰자 자기는 경험을 통해 가장 잘 이해할 수 있다. 이제, 당신이 알아차리고 있다는 것을 알아차리는 부분과 연결하는 연습을 해 보자.

1. 눈을 감아도 되고, 눈을 감는 것이 불편하다면 앞쪽 바닥을 편안하게 응시하도록 한다.
2. 바닥에 닿는 발의 감각과 의자에 몸이 닿는 감각을 느껴 본다. 다른 어떤 신체 감각이 느껴지는가?
3. 이런 감각을 알아차리고 있다는 것을 알아차린다. 마음속에 떠오르는 생각을 관찰한 다음, 그 생각을 알아차리고 있다는 것을 알아차린다. 미묘한 감정이 느껴진다면 그 감정을 관찰하고, 그 감정을 알아차리고 있다는 것을 알아차린다.

앞의 활동을 시도해 보니 어떤가? 자신의 경험을 알아차리거나 관찰하거나 인식하는 자신의 일부와 연결할 수 있었는가?

____

ACT 활동: **자기진술**

당신의 개념화된 자기에 대한 진술에는 어떤 것이 있는가?

____

____

____

____

____

자신에 대해 가지고 있는 다른 개념, 신념, 판단, 이야기에는 어떤 것이 있는가? 예를 들어, 다음 문장을 어떻게 완성할 수 있을까?

나는 ______________________________ 사람이다.

____

____

____

____

자신에 대한 신념이 '난 나쁜 사람이야.' '난 좋은 사람이야.' 혹은 이 둘 중 어느 하나의 변형된 형태라면 어떨까? '난 나쁜 사람이야.'와 같은 신념에 대한 집착이 '난 좋은 사람이야.'보다 더 문제가 될 수 있다는 것은 쉽게 알 수 있지만, 집착하는 정도가 심하거나 경직되어 있다면 2가지 신념 모두 유연한 관점을 취하는 능력을 제한한다. 예를 들어, 자신이 친절한 사람이라고 믿는다면 자신이 저지른 불친절한 행동들을 받아들일 수 있을까? 자신이 좋은 부모라고 믿는다면 자신이 양육 과정에서 한 실수를 받아들일 수 있을까? 당신을 망신 주기 위해 이런 말을 하는 것이 아니다! 여기서 자기자비를 사용하는 것을 잊지 않도록 한다. 간단히 말해, 자기성찰을 위해서는 스스로에게 자비심을 가지는 것이 중요하다. 자신에 대한 특정 생각에 너무 집착하면, 성찰하고 가치와 일치하는 방식으로 행동할 수 있는 변화를 만드는 능력이 제한될 수 있다.

ACT 활동: 언제나 그 자리에 있었던 당신

다른 활동을 시도해 보자. 이번에는 개념화된 자기를 해체하여 관찰자 자기에 더 가까이 다가갈 수 있도록 하자.

1. 눈을 감아도 되고, 눈을 감는 것이 불편하다면 앞쪽 바닥을 편안하게 응시한다.
2. 숨을 몇 번 깊게 들이쉬고 내쉬는 등 호흡에 주의를 기울이거나 자연스럽게 숨을 쉰다.
3. 숨을 들이쉬고 내쉴 때 가슴과 복부의 오르내림과 같은 단순한 호흡의 움직임에 순간순간 집중하면서 생각, 감각 또는 기타 방해 요소가 왔다가 사라지도록 한다.
4. 어린 시절의 기억을 떠올려 본다. 꼭 힘들었던 기억이나 긍정적인 기억일 필요는 없다. 중립적인 기억도 괜찮다.
5. 지금의 내가 그때도 존재했다는 것을 느낄 수 있는가? 당신의 삶 전체에 대한 목격자나 관찰자로서 항상 그 자리에 있었고, 지속적으로 존재해 온 당신의 일부가 있다는 것을 느끼는가? 어린 시절, 청소년 시절 그리고 성인이 된 후에도? 당신의 삶이 변화하고 전환되는 동안, 그리고 당신이 수행한 수많은 역할이 변화하는 동안, 당신의 삶이 짧은 순간부터 수십 년에 걸쳐 펼쳐지는 동안 그 모든 순간을 관찰하면서 변하지 않고 항상 존재해 온 부분이 있다. 가장 처음 순간부터 지금 이 순간에 이르기까지 당신의 일부가 당신의 삶 전체를 관찰했을 것이다.

앞의 활동을 시도해 보니 어떤가? 평생을 함께하며 안정적이고 변하지 않고, 경험의 목격자이며, 언제나 당신의 삶을 관찰하는 당신의 일부와 연결할 수 있었는가?

____

____

____

____

____

이 새로운 기술이 어떻게 도움이 될 수 있을까

이 새로운 기술을 연습하면, 우울증, 불안, 완벽주의, 중독 등 어떤 문제를 다루고 있든 한발 물러서서 유연한 관점을 취할 수 있다. 이런 관점은 행동을 취할 수 있게 해 준다. 당신이 '이야기하는 마음'으로 인해 혼란스러워하거나, 어떤 경험에 저항하며 수용하지 않거나, 투쟁으로 인한 어려움에 머무르지 못한다면, 어떤 어려움을 겪든 가치를 향해 나아가는 데 어려움을 겪을 것이다. 관찰자 자기와 연결하면 투쟁으로부터 거리를 두고, 유연한 관점을 취하며, 의미 있는 방식으로 삶에 온전히 참여하는 데 도움이 된다.

ACT 활동: '당신은 하늘이고, 다른 모든 것은 날씨다'

투쟁으로부터 보다 거리를 두는 데 도움이 될 수 있는 활동을 하나 더 해 보자. 이번에는 '하늘'이라는 자신의 일부와 연결하고, 다른 모든 것은 그저 '날씨'일 뿐이라는 것을 알아차리는 시각화 활동을 해 보자.

1. 눈을 감거나 눈을 감는 것이 불편하다면 앞쪽 바닥을 편안하게 응시하도록 한다. 호흡을 향해 주의를 안쪽으로 돌리고, 숨을 쉴 때 느껴지는 감각에 집중한다. 숨을 쉴 때 느껴지는 감각을 통해 현재 순간에 집중한다. 호흡을 통해 몸과 마음을 안정시킨다.

2. 가장 힘들었던 경험은 아니지만, 감당할 수 있는 수준의 괴로움을 수반하면서도 다가갈 준비가 되었다고 느껴지는 힘든 경험을 떠올려 본다. 아마도 당신을 막막하게 만들고, 바꾸려고 했거나 피하거나 없애려고 했던 무언가가 있을 수 있다.

3. 이 경험을 떠올리고 나면 어떤 생각이 떠오르는지, 어떤 감정이 드는지, 어떤 신체감각이 느껴지는지 알아차린다. 당신의 알아차림을 날씨의 강도에 영향을 받지 않고, 변하지 않으며, 모든 것을 담을 수 있는 광활하고 무한한 하늘과 같다고 상상해 본다. 이것은 당신의 경험을 축소시키는 것이 아니라, 안전한 장소에서 모든 것을 관찰하면서 알아차릴 수 있도록 하기 위한 것이다. 그리고 안전하지 않다고 느끼면 언제든지 다시 호흡으로 돌아가면 된다.

4. 가능한 한 하늘처럼 광활한 인식 속에서 힘든 경험을 붙잡고, 하늘 자체가 날씨의 영향을 받지 않는다는 것을 알아차린다. 폭풍이 쳐도 하늘은 변하지 않으며, 그 강도에 상관없이 모든 것을 수용하고 담을 수 있다는 것을 알아차린다. 당신의 경험에 휩쓸리지 않고 이런 강렬한 측면을 관찰할 수 있는지 살펴본다.

5. 내 인생의 폭풍이 거세더라도 내 안에 있는 이 장소에 닻을 내리기 위해 최선을 다

한다. 폭풍에 휩쓸려 길을 잃지 말고, 마치 멀리서 폭풍을 지켜보고 있는 것처럼 자신의 일부를 알아차린다. 당신이 극복하거나 바꾸거나 피하거나 없애려고 하는 것들, 즉 힘든 생각, 감정 또는 감각은 당신이 아니라 그저 날씨일 뿐이며, 당신은 하늘이라는 것을 알아차린다.

앞의 활동을 시도해 보니 어떤가? 모든 것을 담을 수 있고 날씨에 영향을 받지 않으며 변하지 않는 하늘과 같은 자신의 일부와 연결할 수 있었는가?

연습하기

4주차 연습

이번 주차부터 각 활동을 연습하여 경험에 빠져들지 않고 자신의 경험을 알아차리는 자신의 일부와 연결하기 시작해 보자. 당신의 일부와 연결하는 능력은 다음 2주 동안 중점을 둘 가치와 전념행동을 다룰 때 도움이 될 것이다.

4주차 자신을 되돌아보기

4주차를 끝낸 것을 축하한다! 당신은 지난 4주 동안 많은 노력을 기울였다. 생각에서 탈융합하는 방법을 배웠고, 수용과 마음챙김을 하는 법을 배웠으며, 이번 주차에는 관찰자 자기와 연결함으로써 한 걸음 더 나아갔다. 이 기술들은 ACT의 마지막 2가지 핵심 과정을 진행하는 데 매우 중요하다.

다음 단계로 넘어가기 전에, 이번 주차 활동에 대한 경험을 되돌아보는 시간을 가져 보자.

5주차

나의 가치 알아보기

이번 주차는 정말 흥미로운 내용으로 구성되어 있다! 마음챙김에 기반한 전략에서 가치, 즉 당신의 삶에서 정말 중요한 것을 알아보는 단계로 넘어간다. 이 과정은 단순히 삶의 방향을 제시하는 데만 그치지 않고, 동기부여를 통해 전념행동을 하는 데도 큰 역할을 한다. 지금까지 배운 탈융합, 수용, 현재 순간에 접촉하기, 관찰자 자기는 모두 가치에 따른 방식으로 삶을 살기 위한 심리적 유연성을 증진하는 데 도움이 된다. 이번 주차에는 당신이 어떤 삶을 살고 싶어 하는지 살펴볼 것이다.

가치란 무엇인가

가치란 무엇인지에 대해 설명하기 전에 한 가지 명확하게 알아 둬야 할 점이 있다. ACT의 관점에서 보면, 당신은 충만하고 의미 있는 삶을 살아가는 데 있어 필요한 것을 이미 모두 가지고 있다. 어떤 어려움을 겪든지, 당신에게는 아무런 문제가 없다는 점을 알려 주고 싶다. 심지어 정신질환을 가지고 있더라도 말이다. 한 번 더 강조하면, 당신은 망가진 게 아니다! 당신을 고치거나 완벽하게 만들 필요가 없다. 당신은 이미 완전하며, 풍요롭고 의미 있는 삶을 살아가는 데 필요한 모든 것을 가지고 있다.

풍요롭고 의미 있는 삶이 고통 없는 삶을 의미하지 않는다는 것을 기억하자. 고통은 피할 수 없는 것이다. '이야기하는 마음'은 고통이 끝나야만 원하는 삶을 시작할 수 있다고 말할 것이다. 더 이상 우울하거나 불안하지 않을 때, 당신이 원하고 바라던 방식으로 일하고 대인관계를 맺을 수 있다고 말이다. 이런 생각들은 당신의 삶을 멈추게 한다. 하지만 그럴 필요는 없다. 당신은 생각과 거리를 두고, 경험을 있는 그대로 받아들이며, 현재 순간을 알아차리고, 자신의 경험을 관찰하는 방법을 배울 수 있다. 이렇게 하면 당신이 삶에서 중요하게 생각하는 것들을 향해 나아가는 데 필요한 여유 공간과 유연성을 확보할 수 있다. 당신이 현재 겪고 있는 어려움을 줄이거나 없애지 않아도 시작할 수 있음을 염두에 두면서, 가치에 대해 자세히 알아보자.

길잡이로서의 가치

가치를 나침반이나 북극성이라고 생각해 보자. 가치는 삶에서 가장 중요한 것을 의미한다. 가치는 당신이 세상에 어떤 모습으로 보여지길 원하는지, 또는 당신의 삶이 어떤 의미를 가지기 원하는가를 나타내는 방식이다. 가치는 다양하다. 자율성부터 열정까지 다양한 가치가 존재한다. 가치는 일반적으로 삶에서 몇 가지 영역이나 분야와 관련이 있다. 예를 들어, 가족관계, 친밀한 관계(연인 또는 배우자), 자녀 양육하기, 친구/사회적 관계, 배움/교육, 하고 있는 일(직장, 직업, 그 외 업무 등), 휴식과 여가생활, 건강관리, 영성, 사회참여/시민의식 등이 그렇다.

목표 vs. 가치

가치는 목표와 다르다. 그렇다면 이 둘의 차이점은 무엇일까? 가치는 달성할 수 없는 것이다. 가치는 할 일 목록에서 체크하며 완료할 수 있는 성격의 것이 아니다. 반면에 목표는 달성 가능한 것이다. 예를 들어, 체중 감량, 결혼, 반려견 입양, 출산 등은 모두 달성 여부를 확인할 수 있는 목표이며, 완료되는 시점이 있다. 그러나 가치는 끝이 없다.

가치는 건강, 사랑, 돌봄 같은 것을 말한다. 이런 것들은 삶의 방향성을 제시한다. 대표적인 예로 '결혼하기'와 '사랑스러운 배우자 되기'를 비교해 보자. '결혼하기'는 달성 가능한 목표이지만, '사랑스러운 배우자 되기'는 끝나지 않는 과정이다. '사랑스러운 배우자 되기'를 선택할 수는 있지만, 이는 여러 차례의 결정과 순간마다 반복적인 선택이 필요한 것이다. 체중 감량과 건강도 체중을 줄일 수 있다는 점에서 비슷하게 보일 수 있지만, 특정 시점 이후에는 어떨까? 과거의 습관에 빠져 다시 돌아갈까, 아니면 건강한 생활방식을 유지하기 위해 노력할까? 자녀 양육하기는 어떨까? 어느 순간에는 인내심을 발휘하다가도 또 다른 순간에는 아이에게 화를 내기도 할 것이다. 좋은 부모가 되는 것은 달성 여부를 확인하는 것이 아니라, 스스로 다짐하고 반복해서 실천해야 하는 과제이다.

목표 대신 가치에 집중하는 이유는 무엇인가

목표보다는 가치의 관점에서 생각해야 하는 이유는 무엇일까? 그것은 바로 목표는 언젠가 끝나기 때문이다. 목표가 달성되면 끝난다는 사실로 인해 상실감이나 실망감을 느낄 수 있다. 예를 들어, 나는 고등학생 때부터 임상심리학자가 되기를 꿈꿨다. 하지만 32세가 되어서야 공인임상심리학자 자격을 취득했다. 정말 오랜 시간이 걸렸다! 자격증을 취득한 후 오랫동안 노력해 왔던 목표가 이루어졌음에도 뭔가 텅 빈 느낌이 들었다. 그런데 그때 왜 내가 공인임상심리학자가 되고 싶었는지를 생각해 보면서, 사람들이 고통을 피하지 않으면서도 더 풍요롭고 의미 있는 삶을 살 수 있도록 도움을 주고 싶었던 것을 깨닫게 되었다. 그리고 이것이 남은 평생 내가 할 수 있는 일임을 깨달았다. 자신의 목표나 성취에 진전이 없을 때는, 왜 그 목표를 가지게 되었는지 또는 그 목표가 왜 중요한지 스스로에게 물어보는 것이 도움이 된다. 그러면 분명 어떤 가치를 발견하게 될 것이다.

가치는 현재 어떻게 살아가는지와 관련이 있다

마찬가지로, 가치는 지금 이 순간에 나타난다. 모든 순간에서, 당신은 어떤 방식으로 가치에 따라 살지 선택할 수 있다. 목표는 미래에 이루어지지만, 가치는 지금 당장의 행동으로 나타나는 것이다. 가치를 확인하는 과정에서 현재 할 수 있는 일이 보이지 않는다면, 가치보다는 목표를 확인하려고 했을 가능성이 높다. 이럴 때 그 목표를 어떻게 가치로 연결 지을 수 있을까?

당신의 가치

당신이 가치로 삼은 것은 당신 자신의 것이라는 것을 기억하기 바란다. 당신이 직접 결정했다는 사실이 중요하다. 이는 부모님의 가치도 아니고, 사회나 종교의 가치도 아니다. 물론 이런 것들이 당신의 가치를 형성하는 데 영향을 미칠 순 있지만, 가치는 강요되는 것이 아니라 자유롭게 선택하는 것이다. 만약 특정 가치를 중요하게 여기는 환경에서 성장하고 그 가치를 받아들였다면, 그것이 당신의 중요한 가치로 자리 잡았을 수도 있다. 그러나 그런 가치들이 규칙, 제한, 의무, 책임과 관련된 것이라면 당신의 가치로 간주하기 어려울 것이다. 부모님은 안정성을 중요하게 생각할 수 있지만, 당신은 자율성을 중요하게 생각할 수 있다. 혹은 사회나 종교가 순응, 복종 또는 순종을 가치로 여길지라도, 당신은 자신을 위해 목소리를 내는 것이 중요하다고 생각할 수 있다. 가치는 반드시 해야 하는 일이나 어쩔 수 없이 해야 하는 일이 아니다. 가치란 당신에게 의미 있고 중요한 것을 뜻한다.

가치는 감정과는 다른 것이다

'나는 행복을 중요하게 여긴다.'라고 생각할 수 있다. 하지만 좀 더 자세히 살펴보자. 행복이 가치처럼 들릴 수 있지만, 사실 행복은 가치가 아니라 감정이다. 감정은 정의상 일시적이고 우리의 통제권을 벗어나 있다는 특징을 가지고 있다. 그렇다면 행복을 추구하면서 살 수는 없는 걸까? 당연히 가능하다. 그러나 행복을 추구한다는 것은 가치와 일치하는 행동이나 전념행동을 통해 의미 있는 삶을 구축해 나가는 것을 의미한다. 이번 주차에서는 다음 주차에 어떤 전념행동을 할지 생각하며 가치를 명확히 정하는 데 집중해 보기 바란다. 또한 행복과 같은 감정을 추구하려고 할 때, 오히려 자신을 옭아맬 수 있다는 점도 잊지 않도록 한다.

당신이 행복해지려면 어떤 변화가 필요한지를 고민하는 대신, "만약 지금 행복한 기분이라면, 무엇을 다르게 하고 있을까?"라고 자신에게 물어보기 바란다. 이렇게 물어보면 가치가 드러날 수도 있다.

또한 "만약 현재에 좀 더 집중한다면, 더 행복할 수 있을까?"라고 자신에게 물어보는 것도 도움이 된다. 이 과정에서 다루는 내용은 내적 경험을 변화시키는 것이 아니라,

그 경험을 받아들이고, 현재의 행동을 바꾸거나 전념행동을 하는 것이라는 점을 기억하자.

ACT 활동: 사람들이 당신을 떠올릴 때 무엇을 기억해 주길 원하는가

가치를 확인하는 가장 흔한 활동 중 하나는 자신의 장례식을 상상해 보는 것이다. 생일이나 퇴임식, 졸업식, 특별한 기념일 저녁식사, 가족 모임과 같은 특별한 순간을 상상해 볼 수도 있다. 어떤 특별한 일이든 당신의 인생에서 특별한 순간을 상상해 보고, 당신이 소중히 여기는 사람들이 당신에 대해 어떤 이야기를 할지 생각해 보자. 또 다른 방법으로는 자신의 추도사를 써보는 것인데, 조금 어둡게 느껴질 수 있지만 자주 사용되는 활동 중 하나이다. 사랑하는 사람, 배우자, 가족, 친구 등 다른 사람들이 당신에 대해 어떻게 생각하는지를 적어 보는 것도 도움이 될 수 있다. 당신의 인생에서 중요한 사람 3명을 골라 그들이 당신에 대해 어떤 이야기를 하길 바라는지 적어 보는 것도 좋은 방법이다.

가치는 다른 사람들로부터 얻어지는 것이 아니다

가치는 다른 사람들로부터 얻어지는 것이 아니다. 사랑, 소속감, 인정 등은 다른 사람의 손에 달려있다. 당신이 가치와 일치하는 행동을 하면서 그 결과로 이런 것들이 따라올 수도 있겠지만, 그게 될지 안 될지는 당신의 통제를 벗어나 있다. 가치는 당신이 통제할 수 있는 것이며, 가치에는 당신이 원하는 삶의 의미를 반영해야 한다.

가치는 무엇을 하지 않느냐에 관한 것이 아닌, 무엇을 하느냐에 관한 것이다

가끔 사람들은 자신의 가치를 하고 싶지 않은 일로 정하는 경우가 있다. 예를 들어, '더 이상 화를 내지 않을 거야.'와 같이 말이다. 만약 이런 식으로 가치를 정했다면, 그 대신 어떤 행동을 할 것인지에 초점을 맞추는 것이 더 도움이 된다. 예를 들어, '화가 나는 순간에는 무작정 반응하지 않고 잠시 멈추어 생각해 볼 거야.'와 같이 말이다. 만약에 중독치료 중인 경우, 갈망이나 충동을 느끼고 싶지 않을 수 있다. 절제는 전념행동을 위한 노력의 일부일 수 있지만 충동을 통제하는 것은 불가능하며, 특히 회복 초기에 이런 충동이 사라질 가능성은 거의 없다. 이럴 때는 '충동 서핑(urge surfing)'*이라는 기술을 사용해 보거나, 도움을 주는 사람에게 연락하거나, 회복자 모임에 참석하는 등의 대안을 고려해 볼 수 있다. 가치를 정할 때 무엇을 하지 않겠다고 정하는 것이 아니라 무엇을 할 것인지에 초점을 맞추기 바란다. 그리고 현실적인 목표로 설정하는 것도 중요하다.

당신에게 중요한 것은 무엇인가

이제 당신은 무엇이 가치이고, 무엇이 가치가 아닌지를 어느 정도 알게 되었을 것이다. 이제 당신에게 삶에서 중요한 것이 무엇인지 살펴보자. 만약 괴로움에서 벗어나려고 애쓰는 과정에서 자신의 가치를 잊었더라도 걱정하지 않아도 된다. 함께 찾아낼 수 있다.

*역자 주: 충동 서핑(urge surfing)은 파괴적인 충동에 따라 행동하지 않고 충동을 극복하는 데 도움이 되는 마음챙김 기술이다.

ACT 활동: 가치를 표현하는 문장

삶의 각 영역에서 당신에게 중요한 것에 대해 조금씩 적어 보도록 한다. 가치는 목표가 아니라는 점을 기억하면서 '1주일에 한 번씩 부모님께 전화하기' '1주일에 한 번 데이트하기' '1주일에 3~5회 운동하기'와 같은 내용은 쓰지 않도록 한다. 대신에 '사랑스러운 딸 되기' '동반자와 함께 현재를 즐기며, 소중한 사람으로 인정받는 느낌 주기' '내 몸의 활력과 연약함을 모두 존중하는 삶 살기'와 같은 내용으로 작성해 본다. 조금 어렵게 느껴질 수도 있지만 시간을 가지고 생각해 본다. 가치에 대해 생각하는 데 익숙하지 않을 수 있다. 다음의 영역 중 일부는 당신에게 크게 중요하지 않을 수 있지만, 그래도 괜찮다. 이 연습은 당신의 가치를 찾는 과정이므로 해당되지 않는 영역은 건너뛰어도 된다.

☐ 가족관계

____

____

____

☐ 친밀한 관계(연인 또는 배우자)

____

____

____

☐ 자녀 양육하기

____

____

____

☐ 친구/사회적 관계

☐ 배움/교육/하고 있는 일(직장, 직업, 그 외 업무 등)

☐ 휴식과 여가생활

☐ 건강관리

☐ 영성

☐ 사회참여/시민의식

☐ 기타

충돌하는 가치들

때로는 가치들이 서로 충돌하는 것처럼 보일 수 있다. 예를 들어, 당신이 일과 가족 모두 중요하게 여긴다고 가정해 보자. 그런데 때로는 일로 인해 가족과의 시간을 소홀히 할 수도 있다. 이런 상황은 매우 흔한 일이다. 이런 경우, 가족을 중요하게 여기는 가치를 표현하는 방법은 일을 열심히 하여 가족을 부양하는 것이 될 수도 있다. 하지만 또 다른 측면에서는 일을 사랑하는 이유가 스스로 발전하거나, 창의성을 표현하거나, 뛰어난 능력을 보이는 것을 즐기기 때문일 것이다.

또 다른 흔한 예로는 자녀 양육과 자기관리 사이에서 생기는 충돌이 있다. 아마도 당신은 자녀와 최대한 많은 시간을 보내고 싶을 수 있지만, 그들의 필요를 우선시함으로써 자기 자신을 소홀히 할 수 있다. 아마도 당신은 이 이야기가 어떤 방향으로 흘러갈지 알 수 있을 것이다. 이런 상황은 가치가 서로 충돌하는 것처럼 보일 수 있지만, 자기관리 역시 좋은 부모가 되는 데 있어 중요한 부분이다. 다른 사람을 잘 돌보려면 먼저 자신을 잘 돌봐야 한다. 이런 충돌은 경직된 생각에서 비롯된 것일 수도 있다. 따라서 유연한 마음가짐을 가지는 것이 중요하다.

ACT 활동: 가치 시각화하기

가치를 더 잘 이해하기 위해 다음에 제시된 시각화 활동을 시도해 볼 수 있다.

1. 눈을 감아도 되고, 눈을 감는 것이 불편하다면 앞쪽 바닥을 편안하게 응시하면서 주의를 내면으로 돌린다.

2. 호흡으로 일어나는 감각에 집중한다. 코를 통해 공기가 들어오고 나가는 것, 가슴과 배가 올라가고 내려오는 감각을 알아차린다. 숨을 들이마시고 내쉴 때마다 현재 순간에 집중한다.

3. 잔잔한 연못에 돌을 던지듯 스스로에게 질문을 던진다. '내 삶이 어떤 의미를 가지길 원하는가? 나에게 삶에서 의미 있거나 중요한 것은 무엇인가?' 이 질문이 잔잔한 마음의 우물에 떨어졌을 때 어떤 대답이 나타나는지 알아차린다. '내 삶이 어떤 의미를 가지길 원하는가? 나에게 삶에서 의미 있거나 중요한 것은 무엇인가?' 이런 질문이 일으키는 마음의 물결에 귀를 기울인다. 이 경험을 통해 알아차린 것이 있는가? 뭔가 들리는 것이 있는가? 당신의 삶이 어떤 의미를 가지길 원하는지, 의미 있거나 중요한 것이 무엇인지에 대해 내면 깊은 곳에서 어떤 대답이나 반응이 나타났는가?

____

우선순위 정하기

때로는 어떤 가치를 우선시할지 결정을 내려야 할 때도 있다. 다른 가치들을 희생하면서까지 하나의 가치만 선택할 필요는 없지만, 때로는 우선순위를 정하는 것이 필요할 수 있다. 이 역시 상황에 따라 유연하게 대응할 수 있는데, 어떤 때에는 일에 더 가치를 둘 수도 있고, 다른 때에는 가족과 더 많은 시간을 보내는 것을 우선시할 수도 있다.

ACT 활동: **가치 질문지**

가치 탐색에 관심이 있다면, viacharacter.org에서 무료로 제공하는 '가치 기반 행동 질문지(Values in Action questionnaire)'를 작성해 볼 수 있다. 이 질문지에서 탐색하는 가치들은 다음과 같다.

- 심미안
- 용감함
- 창의성
- 호기심
- 공정성
- 용서
- 감사
- 정직
- 희망
- 겸손
- 유머
- 판단
- 친절함
- 리더십
- 사랑
- 학구열
- 인내심
- (문제해결을 위한 사고에서의) 균형감
- 신중함
- 자기조절
- 사회성
- 영성
- 협동심
- 열정

무료 온라인 질문지를 통해 당신의 응답에 따라 가치의 순위를 확인할 수 있다.

다른 장애물들

가치를 확인하는 과정에서 발생할 수 있는 몇 가지 장애물들이 있다. 앞으로 예상되는 몇 가지 상황들을 함께 살펴보고, 이를 어떻게 해결할지 알아보자.

'이야기하는 마음'의 재등장

가장 큰 장애물은 아마도 '이야기하는 마음'에 융합되는 것일 것이다. 가치를 탐색하는 동안 '이야기하는 마음'이 활성화되어 '노력해 봤자 소용없어.' '시도해 봤지만 효과가 없었어.' '이미 너무 늦었어.' '난 나쁜 사람이고 더 나은 삶을 살 자격이 없어.'와 같은 생각에 융합될 수 있다. 이런 생각들은 유연성을 상실하게 하고 앞으로 나아가는 능력을 제한할 수 있다. 나의 내담자 중에는 행복이 자신을 위한 것이 아니라 다른 사람들을 위한 것이라고 믿는 경우도 있었지만, 이것은 생각이지 사실이 아니다.

당신은 이미 필요한 모든 것을 갖추고 있다는 사실을 기억하기 바란다. 융합과 회피로 인해 그런 사실을 잊어버린 것일 뿐이다. 너무 늦었다고 생각하거나, 어떤 방식으로든 '해결되어야 한다'고 생각하거나, 더 나은 삶을 살 자격이 없다는 생각을 하고 있다면 지금 당장 멈추고, 이런 생각과 거리를 두는 연습을 해 보기 바란다. 잠시 시간을 내어 1주차 내용을 다시 되짚어 보고 그때 사용한 몇 가지 활동들을 시도해 보기 바란다. 이것은 단지 생각에 불과하며, 사실이나 현실을 반영하지 않는다. 그저 '이야기하는 마음'이 만들어 낸 생각일 뿐이다. 이런 생각을 받아들일 필요는 없다.

간혹 내담자들은 '이야기하는 마음'에 사로잡혀 가치를 추구하는 것을 두려워하기도 한다. 그들은 '이야기하는 마음'이 말하는 대로 그들이 스스로에 대해 가지고 있는 가장 최악의 두려움을 상상하게 된다. 예를 들어, '나는 결코 행복해지지 못할 거야.'라는 생각에 융합될 수 있는데, 이때 현재의 삶이 불행하다는 것을 깨닫게 될 수도 있다. 그럼에도 불구하고 변화를 시도하는 것을 두려워할 수 있다. 그 이유는 만약 변화를 시도해도 여전히 불행하다면, 그로 인해 자신의 두려움을 확인하게 될까 봐 걱정되기 때문이다.

당신이 추구하는 가치를 마음속에 떠올리기 시작할 때 어떤 감정이 드는가? 어떤 이야기가 떠오르기 시작하는가? 이런 이야기들에 얽매이기보다 거리를 둘 수 있는지 살펴보기 바란다. 만약 '난 부족해.'라고 믿지 않았다면, 그때 당신은 무엇을 하고 싶었는가? 그것이 바로 지금 당신이 할 일이다. 그것이 '해결될' 때까지 기다린다면, 아마도 영원히 기다리게 될 수도 있다는 것을 기억하자!

결과에 대한 집착

가치를 행동으로 옮기는 것은 결과에 관한 것이 아니다. 성공과 실패의 문제가 아니라는 말이다. 이것은 당신의 행동에의 전념에 관한 것이다. ACT에서는 성과보다 행동에의 전념을 강조한다. '결국 성과가 중요한 게 아닐까?'하는 의문이 생길 수 있다. 물론 그렇지 않다. 오히려 가장 중요한 문제는 당신이 행동에 얼마나 전념하느냐이다.

좋은 예로 중독과 회복을 들 수 있다. 중독에서 회복 중인 사람들은 보통 여러 번 재발을 경험한다. 그러나 재발은 실패가 아니며, 학습 과정의 일부이다. 또한 어떤 의미에서는 완전한 금주 상태를 달성할 순 없다. 어쩌면 5년에서 10년 정도 금주 상태를 유지하게 될 수도 있다. 이것은 엄청난 성과이다! 그리고 동시에 계속된 노력이 필요한 부분이다. 그러므로 다음 주차 과정인 전념행동으로 나아가기 전에 결과에 너무 많이 집중하지 않는 것이 좋다.

가끔 실수해도 괜찮다

명심해야 할 또 다른 중요한 점은 우리 중 누구도 완벽하지 않으며, 매 순간 가치에 따른 삶을 사는 것은 불가능하다는 것이다. 기억하기 바란다. 당신이 하는 행동에 전념하는 것이 가장 중요하다. 당신이 가치에 따른 삶을 살기 위해 하는 모든 행동들은 그 과정의 일부이다. 당신이 실수하거나 가치와 일치하지 않는 방식으로 행동할 때는 자기자비를 실천하면서 다시 가치에 따른 삶을 살기 위해 노력하기 바란다. '아, 오늘, 아니 지금 이 순간은 내 가치와 조금 멀어지는 방식으로 행동했구나.'

가끔 사람들은 오류를 범하거나 실수를 했을 때 자기자비를 가지고 친절하게 대하는 것이 계속된 실패를 불러올까 봐 두려움을 느낀다. 하지만 실제로 오류를 범하거나 실수를 하는 것은 누구나 경험하는 어쩔 수 없는 현실이다. 자기 자신을 탓하거나 비난하더라도 그 사실은 변하지 않는다. 가끔 사람들은 자기자비를 실천하는 것이 핑계를 대거나 자신을 무책임하게 만드는 것이라고 느껴 이를 꺼릴 수 있다. 그러나 자기자비는 둘 중 어느 쪽도 아니다. 실제로 자기자비는 실패나 어려움을 겪더라도 긍정적인 태도를 유지하며 적극적으로 노력하게 만든다. 예를 들어, 실수를 저지르고 나서 '이건 소용없어, 왜 시도하고 있는 거야? 난 최악의 엄마고 앞으로도 계속 그럴 거야.'라고 생각하면, 이런 생각들이 무언가를 하도록 동기를 부여하진 않을 것이다. 이런 방식으로 자신을 대하는 것이 더 나은 부모가 되는 데 도움이 될까? 실수를 했을 때 자책하는 대신 자신에게 친절하게 대하며, '아이들에게 소리를 질러서 기분이 안 좋았어. 그건 내가 되고 싶은 부모의 모습은 아니지만, 다른 사람들처럼 화가 나기도 하는 거야. 앞으로는 화가 치밀어 오르는 것을 알아차리면 심호흡을 하려고 노력할 거야.'라고 말해 보기 바란다. 자기자비를 실천하여 적극성을 높이고 실수해도 괜찮다는 것을 이해하는 것이 중요하다.

'난 아직 한참 멀었어'

이제 당신의 가치를 확인했으니, 가치와 실제 행동 사이에 불일치가 생길 수 있다는 것을 알 것이다. 아마 큰 차이가 있을 수도 있다. 그러나 걱정하지 않아도 된다! 가치와 실제 당신의 생활 방식 사이에 불일치가 존재하는 것은 매우 흔한 일이다.

자기자비를 기억하기 바란다. 다음 장에서는 가치와 실제 행동 간의 차이를 줄이는 방법에 대해 배울 것이다. 가치와 실제 행동 사이의 불일치를 알아차리는 것은 어렵고 불편한 일일 수 있지만, 이 불편함은 변화를 향한 동기부여에 중요한 역할을 할 수 있다. 불편함을 인정하되, 자신을 비난하지 말기 바란다. 자신을 비난하는 것은 생산적이지 않다. 불편함을 알아차리고 자기자비를 실천하는 것이 생산적이다.

자기자비를 실천하는 것은 가치에 따른 삶을 사는 데 있어 자신의 부족함을 인정하는 부분에도 중요한 역할을 할 수 있다. 자기자비 없이는 이런 차이를 인정하는 것조차 어려울 수 있다. 가치를 확인하는 작업은 융합과 회피를 유발할 수 있지만, 동시에 자기자비와 함께하면 이 어려운 작업에 동기부여를 할 수 있다.

누구도 자신의 가치에 따른 삶을 100% 살 수는 없다. 그 과정에서 고통을 느껴 보고, 그것으로부터 배우며 계속 나아가기 바란다. 만약 죄책감이나 수치심을 느낀다면, 자기자비를 통해 가치와 일치하는 행동을 하기 위한 노력을 다시 하면 된다.

ACT 활동: 아픈 곳이 어디인가

이것은 다소 어렵지만 가치를 확인하는 방법 중, 내가 가장 좋아하는 방법이다. 당신의 삶을 되돌아보거나 현재 내면의 경험에 집중하면서 '아픈 곳이 어디인가?'라고 자신에게 물어보도록 한다. 어디에서 고통을 알아차렸는가? 당신이 느낀 고통이 당신의 가치에 대해 무엇을 말해 줄 수 있는가? ACT에서 고통은 직면하고 극복해야 하는 대상이 아닌, 의미 있는 삶을 만들기 위한 도구로 사용됨을 기억하자. 고통은 당신의 가치에 대해 무언가를 전달하려고 한다. 우리가 가장 소중히 여기는 것이 바로 고통이 나타나는 곳이기도 하다. 고통이 나타나는 곳과 가치는 복잡하게 얽혀 있어서 이 둘을 분리할 수 없다. 나의 가치 중 하나는 친절함이지만, 내가 언제나 친절한 것은 아니다. 나는 매우 가혹할 때도 있었다. 대부분의 사람들이 그렇듯이, 이 가혹함은 고통을 느끼는 지점에서 나타날 수 있다. 그러나 한편으로는 가치와 일치하지 않는 방향으로 행동하는 것이 고통의 원인이 되기도 한다.

당신이 가치와 일치하지 않는 방식으로 행동한 크고 작은 일들을 떠올려 볼 수 있는가? 그럴 때 자신을 용서할 수 있는가? 자신을 자비롭게 대할 수 있는가? 우리 중 누구도 완벽하지 않으며, 인간으로서 그저 최선을 다할 뿐이다. 때로는 길을 잃고 많은 고통과 혼란을 느낄 수도 있지만, 그런 상황을 오래 유지할 필요는 없다. 우리는 수용과 자기자비를 연습하고, 가치에 따른 삶을 살아가기 위한 의지를 새롭게 다질 수 있다. 당신의 고통은 가치에 대해 무슨 이야기를 하는 걸까? 이 고통을 외면하지 않고, 오히려 이를 활용하여 보다 의미 있는 삶을 만들기 위한 방법을 찾아볼 수 있을까?

____

____

____

____

____

ACT 활동: **더 이상 고통스럽지 않다면**

당신의 삶에서 고통을 없애는 것은 불가능하다는 사실을 분명히 이해했을 것이다. 그럼에도 불구하고, 다음 활동을 위해서 마법처럼 고통에서 해방되고 당신이 상상하는 삶을 살 수 있다고 가정해 보자. 만약 내일 아침에 일어났는데 고통이 마법처럼 사라지고, 거절에 대한 두려움이나 고통의 근원이 밤사이에 사라져 버렸다면, 당신은 어떻게 행동할 것인가? 그리고 그로 인해 당신의 삶은 어떻게 달라질 것인가?

____

____

____

____

____

____

____

'아직도 만족스럽지 않아요'

가치를 확인한 후 실제로 그 가치에 따른 삶을 살아가고 있는데도 여전히 불만족스러운 느낌이 든다고 가정해 보자. 이때, 당신이 현재에 존재하고 있는지 스스로에게 물어볼 수 있다. 혹시 과거나 미래의 '이야기하는 마음'에 빠져 있지는 않은가? 가치에 따른 삶을 살면서도 만족스럽지 않다면, 과거나 미래에 너무 집중하고 있을 가능성이 있으며, 이럴 때는 현재 순간으로 다시 돌아오는 연습을 더 해 보는 것도 도움이 될 수 있다.

ACT 활동: **일기 쓰기**

당신이 원하는 삶의 모습에 대해 일기를 써 보는 것도 도움이 될 수 있다. 아는 사람이든 모르는 사람이든 인생의 롤 모델을 생각해 보고, 그들이 가치를 두거나 중요하게 여기는 점을 고려해 보거나, 자신만의 이상적인 이야기를 써 보는 것도 좋은 방법이 될 수 있다.

____

____

____

____

____

____

가벼운 마음으로 가치를 유지하도록 하라

가치는 중요하지만, 너무 무거운 마음으로 가치를 따르려고 하지 않는 것이 좋다. 가치를 너무 과도하게 강조하거나 불편하게 느끼지 않는 것이 중요하다. 이 모든 과정은 심리적 유연성을 향해 나아가는 것을 목표로 하고 있다는 점을 기억하기 바란다.

연습하기

5주차 연습

이번 주차에는 '가치 기반 행동 질문지'(p. 135)를 작성해 보거나, 일기나 글을 쓰거나, 마음에 와닿는 활동에 대해 고찰하는 시간을 가져 보자. 당신에게 삶에서 의미 있고 중요한 것이 무엇인지 알아보자.

5주차 자신을 되돌아보기

5주차를 끝낸 것을 축하한다! 이제 마지막 관문에 가까워지고 있다. 이제 당신의 가치가 무엇인지 알게 되었기 때문에 ACT의 6가지 핵심 과정 중 마지막 주차인 '전념행동'을 맞이할 준비가 되었다. 이것이 우리가 지난 5주간 노력해 온 결과이다! ACT의 마지막 과정으로 넘어가기 전에 지금까지, 특히 이번 주차에서 배운 내용을 되돌아보는 시간을 가져 보자. 당신의 가치에 대해 어떤 것을 알게 되었는가? 당신의 삶이 어떤 의미를 갖길 원하는가?

6주차

행동으로 옮기기

ACT의 6번째이자 마지막 과정인 '전념행동'에 도달한 것을 축하한다! 지난 5주 동안 열심히 노력한 이유가 바로 이번 주차에 다루는 전념행동 때문이다. 여러 측면에서 전념행동은 ACT에서 가장 중요한 부분이다. 이번 주차는 지금까지 배운 모든 기술(탈융합, 수용, 현재 순간에 접촉하기, 관찰자 자기, 가치)을 실전에 적용하는 시간이다. ACT의 궁극적인 목표는 이런 기술들을 사용하여 심리적 유연성을 충분히 키워, 전념행동을 통해 가치에 따른 삶을 살아가는 것이다. 우리는 심리적 유연성을 키우기 위한 마음챙김 기술을 배우는 데 4주를 보냈고, 5번째 주에는 당신의 가치가 무엇인지 알아보았다. 이번 주차에는 전념행동을 통해 가치에 따른 삶을 사는 방법을 알아보는 데 시간을 들여보도록 하자.

전념행동이란 무엇인가

전념행동이란 가치를 향해 움직이려는 모든 행동을 의미한다. 예를 들어, 건강을 중요하게 생각한다면, 식단을 채식 위주로 구성하는 것이 전념행동일 수 있다. 전념행동은 가치에 따라 다양한 형태로 나타난다. 이번 주차에는 어떤 행동이 당신이 가치에 따른 삶을 사는 데 도움이 되는지 정확하게 확인하는 것에 중점을 두고 있다. 또한 '행동'에 중점을 둔 이번 주차에는 당신의 가치와 일치하는 행동을 확인하고, 그 행동을 실제로 할 수 있도록 돕기 위해 다양한 전략들을 제시한다. 이 장을 진행하면서 다음 몇 가지 사항을 염두에 두기 바란다.

목표와 행동은 다르다

목표와 성취를 이루려고 하는 것도 중요하지만, 전념행동을 목표나 성취로 보는 대신에 의지나 노력으로 생각하는 것이 더 좋다. 그 이유는 결과보다 과정에 더 집중해야 하기 때문이다. 이것은 성공과 실패에 대한 것이 아니다. 전념행동을 목표가 아닌 의지나 행동에의 전념으로 생각해 보자.

가치가 중요한 역할을 한다

전념행동을 왜 하는지 기억하는 것이 유용하다. 어떤 가치를 추구하기 위해 전념행동을 하는지 생각해 보자. 가치와 전념행동에 집중하는 것은 때로 어려울 수 있지만, 동기를 유지하는 데 도움이 된다. 지금까지 우리가 해 온 모든 노력은 심리적 유연성을 확보하여, 전념행동을 통해 가치에 따른 삶을 살고 의미 있는 삶을 구축하는 데 도움을 주기 위한 것이었음을 잊지 않도록 한다.

지금 일어나는 일들

미래보다 현재에 더 집중해 보자. 목표는 미래에 발생하지만, 전념행동은 현재에서 일어난다. '이야기하는 마음'에 끌려 상상의 미래로 떠나는 대신 현재 순간에 접촉하도록 노력해 보자. 미래는 실제로 존재하지 않는 상상에 불과하다는 점을 기억하기 바란다. 미래에 대한 생각에 과도하게 빠져들게 되면 전념행동이 어려워질 수 있다. 또한 과거에 대한 생각에 과도하게 빠져들게 되는 것도 전념행동을 방해할 수 있다. 때문에 최대한 현재 순간에 접촉해 보자.

진행 상황이나 타인과의 비교에 신경 쓰지 않기

순간순간의 진행 상황에 얽매이게 되면 더 큰 그림을 보지 못한다. 예를 들어, 체중 감량을 시도하는 경우, 매일 체중을 측정하면서 작은 변화에 크게 좋아하거나 실망하는 것은 오히려 비생산적일 수 있다. 체중의 작은 변화보다는 일상적으로 실천하는 건강한 노력에 집중하는 것이 더 나은 방법이다.

내가 상담한 젊은 내담자들 중 상당수는 자기 친구들은 연애를 오래 하거나 심지어 결혼까지 하는데 자신은 현재 데이트하는 사람도 없다고 불평하곤 했다. 나는 이런 내담자들에게 다른 사람과 비교하는 것은 전혀 도움이 되지 않는다고 말한다. 비교가 때로는 가치(위 사례의 경우, 친밀한 관계에 해당)를 확인하는 데 도움이 될 수 있지만, 다른 사람들과 자신의 진행 상황을 비교하는 것은 전혀 도움이 되지 않는다. 나는 이를 내담자들이 이해하기 쉽게 등산을 예로 들어 설명한다. 모든 사람들은 각자의 길을 가고 있고 각자의 목적지가 있다. 자신보다 산을 더 높이 오른 것처럼 보이는 사람들을 보고 '나는 뒤쳐지고 있다.'고 말하는 것은 아무런 의미가 없다. 아마도 당신은 그 사람과는 다른 길을 가고 있거나, 목적지도 완전히 다를 수 있다. 등산 중에 때로 내리막길이 있거나, 목적지에 도달하기 전에 여러 번 방향을 변경해야 할 수도 있다. 진부한 말일 수 있지만, 모든 사람들은 자신만의 여정을 걷고 있으며, 여정 자체가 목적지보다 중요하다는 사실을 이해해야 한다. 따라서 자신의 진행 상황을 지나치게 모니터링하지 말고, 다른 사람과 비교하지 않도록 하자.

크기가 중요한 것이 아니다

때때로 사람들은 전념행동을 거창하게 하거나, 혹은 오래 유지하는 것에 지나치게 집착하지만, 전념행동은 그렇게 거창해야 할 필요는 없다. 전념행동은 당신이 할 수 있는 가장 작고 사소한 행동이어도 괜찮다. 예를 들어, 전념행동은 대학원에 복학하는 것일 수도 있고, 오랜 친구에게 문자 메시지를 보내는 것일 수도 있다.

내적 또는 외적인 형태로 나타날 수 있다

전념행동은 불안이나 완벽주의적인 생각에서 탈융합하기와 같이 내적인 의지나 노력일 수 있다. 또한, 우울증이나 스트레스 관리를 위해 하루 30분씩 주 3회 운동하기와 같이 외적/행동적 의지나 노력일 수도 있다.

고통스러울 수 있다

전념행동을 하는 과정에서 크고 작은 고통은 피할 수 없다. 가치는 고통과 떼려야 뗄 수 없는 관계에 있음을 기억하기 바란다. 전념행동을 통해 가치에 따른 삶을 살기 시작하면 고통을 경험하게 될 것이다. 이런 고통을 기꺼이 경험하는 것이 전념행동을 가능하게 한다.

"어차피 죽음은 우리를 데려갈 텐데, 왜 두려움에 사로잡혀 살아야 할까요? 과거의 방식대로 사는 대신 자유롭게 살아 보는 건 어떨까요?"

- 잭 콘필드(Jack Kornfield)

하지만 고통이 핵심이 아니다

분명한 것은, 가치와 전념행동을 우선시하고 현명한 선택을 해야 하는 상황이 있을 수 있다는 것이다. 예를 들어, 중독 문제를 겪고 있는 경우, 특히 회복 초기에는 중독을 유발할 수 있는 장소와 사람을 피하는 것이 중요하다. 따라서 친구들과의 관계를 중요하게 생각한다 하더라도, 파티를 위해 친구들과 술집에 가는 것은 술에 대한 충동과 갈망을 견뎌야 할 위험이 있기 때문에 현명한 선택이 아닐 수 있다. 이는 금주를 유지하는 데 위협이 될 수 있다. 이런 상황에서는 가치와 전념행동을 우선시하며, 친구들을 저녁 식사에 초대하여 술 없는 파티를 여는 유연한 대안을 고려할 수 있다.

ACT 활동: 전념행동에 대한 동기 높이기

먼저, 전념행동을 통해 얻을 수 있는 이점과 대가에 대해 살펴보자. 예를 들어, 전념행동 중 하나가 데이트인 경우, 이에 대한 이점 중 하나는 사랑으로 이어진 유대감을 경험할 가능성을 열어 두는 것이고, 대가 중 하나는 거절, 버림받음, 배신의 가능성을 열어 두는 것이다. 데이트를 하지 않는 것의 이점 중 하나는 거절, 버림받음, 배신의 고통으로부터 자신을 보호할 수 있다는 것이고, 대가는 외로움에 대한 고통이다. 당신이 전념행동을 할 때 얻을 수 있는 이점과 대가를 이 표에 채워 보기 바란다.

전념행동을 할 때 이점	전념행동을 할 때 대가
전념행동을 하지 않을 때 이점	**전념행동을 하지 않을 때 대가**

전념행동을 어떻게 할 수 있는가

다음은 당신이 어려움을 겪을 수 있는 다양한 삶의 영역과 그 영역에서 할 수 있는 전념행동의 예이다.

가족관계

1주일에 한 번 부모님께 전화하거나 1년에 몇 번 방문하기, 집에 돈을 보내거나 아기 봐 주기와 같은 도움 제공하기

친밀한 관계(연인 또는 배우자)

데이트 앱 사용하기, 친구에게 소개팅 부탁하기, 이미 연인이 있다면 더 좋은 파트너가 될 수 있는 방법 찾아보기

자녀 양육하기

자녀와 함께 저녁 식사를 하며 하루가 어땠는지 묻기, 매일 밤 책을 읽어 주고 혼내기보다는 칭찬해 주기, 일관적인 규칙 정하기, 다른 사람을 대하는 방식에 대한 모범 보여주기

친구/사회적 관계

오랜 친구에게 연락하여 식사나 모임, 파티에 초대하기, 술 한잔하러 가자고 하기(금주 중이 아닌 경우에만 해당하며, 금주 중이라면 금주 모임에 참석하기)

배움/교육/하고 있는 일(직장, 직업, 그 외 업무 등)

1주일에 한 번 이상 구직활동하기, 주변 사람에게 일자리 소개 부탁하기, 취업 박람회에 등록하기, 직업 훈련 교육이나 온라인 강좌에 등록하기, 업무 성과를 향상시킬 수 있는 방법 찾아보기

휴식과 여가생활

요가, 사교댄스, 요리 교실, 꽃꽂이 교실, 미술이나 도예 교실 등 새로운 관심사나 취미 도전해 보기, 매일 밤 10분 동안 책 읽기, 출퇴근길에 오디오북이나 새로운 팟캐스트 듣기

건강관리

한 달에 한 번 등산하기, 새로운 헬스장이나 요가 학원 등록하기, 아침 조깅하기, 1주일에 특정 횟수 이상 집에서 운동하기, 명상 프로그램 가입하기

영성

종교 단체 가입하기, 매주 교회 가기

사회참여/시민의식

마음 가는 일에 돈 기부하기, 관심 있는 단체에서 자원봉사하기

스트레스

매일 아침 5분 동안 명상하기, 1주일에 한 번 요가 수업 참석하기, 잠자리에 들기 전

5분 동안 일기 쓰기

걱정과 불안

불안한 생각에서 빠져나오거나 두려움에 맞서기 위해 무언가 해 보기

강박장애

강박적인 생각에서 탈융합하기, 병균이 두려운 경우 쓰레기통에 손을 넣거나 가능한 한 많은 문손잡이를 만지고 손 씻지 않기와 같은 노출 연습하기

공황발작 및 공황장애

친구에게 줄 선물을 사기 위해 사람이 붐비는 쇼핑몰에 가기

공포증

비행공포증이 있는 경우 타지에 있는 친구를 만나기 위해 비행기 타기, 주사 바늘에 대한 공포가 있는 경우 헌혈하기

사회불안

사회불안 집단상담에 참여하기, 새로운 사람에게 자신 소개하기

트라우마 및 PTSD

트라우마를 경험한 경우, 전념행동은 트라우마 경험을 떠올리게 하는 사람을 만나거나, 장소에 가거나, 물건을 보면서 경험하는 괴로움을 기꺼이 받아들이는 것을 의미한다. 또한 최근에 알게 된 사람과 커피를 마시며 신뢰와 관계를 쌓기 시작하는 것처럼 간단한 활동일 수도 있다.

ACT 활동: 가치에 기반한 노출

노출법은 강박장애, 공황발작, 공포증, 사회불안장애를 포함한 모든 유형의 불안 감소에 훌륭한 개입방법이다. ACT에서의 목표는 불안을 줄이는 것이 아니라 심리적 유연성을 키워 전념행동을 취할 수 있도록 하는 것이다. 모든 노출 연습은 가치와 연결된다. 예를 들어, 공황발작을 겪는 사람이 마트에 간다면 목표는 단순히 일정 시간 동안 마트에 머무르거나 불안이 감소하기를 기다리는 것이 아니라, 사랑하는 사람을 위해 재료를 구입해서 식사를 준비하는 의미 있는 행동을 하는 것이다. 몇 가지 예를 더 살펴보자.

☐ 병균에 대한 공포가 있는 강박장애의 경우

어떤 전념행동을 할 수 있는가?	무엇을 감수해야 하는가? (예: 생각, 감정, 신체 감각)	어떤 가치를 추구하는 데 도움이 되는가?
생고기를 재료로 사용하여 가족을 위한 식사 준비하기	오염에 대한 괴로운 강박적인 생각	가족관계

☐ 공황발작의 경우, 노출은 공황과 유사한 신체 감각을 유발하는 활동을 하게 하는 것이다. 다음의 예를 살펴보자.

어떤 전념행동을 할 수 있는가?	무엇을 감수해야 하는가? (예: 생각, 감정, 신체 감각)	어떤 가치를 추구하는 데 도움이 되는가?
스피닝(실내자전거) 수업에 참여하기	심박 수 증가로 인한 심장마비와 관련된 걱정과 불안	건강관리

☐ 비행공포증의 경우

어떤 전념행동을 할 수 있는가?	무엇을 감수해야 하는가? (예: 생각, 감정, 신체 감각)	어떤 가치를 추구하는 데 도움이 되는가?
친구 결혼식에 참석하기 위해 비행기 타기	높은 불안	친구/사회적 관계

□ 사회불안장애의 경우

어떤 전념행동을 할 수 있는가?	무엇을 감수해야 하는가? (예: 생각, 감정, 신체 감각)	어떤 가치를 추구하는 데 도움이 되는가?
친구 생일파티에 참석하기	예기 불안, 불안과 관련된 신체적 불편감	친구/사회적 관계

강박장애, 공황발작, 공포증 또는 사회불안을 겪고 있다면 일정 수준의 불안이나 불편한 감정을 유발하는 것들의 목록을 작성해 보는 것이 도움이 될 수 있다. 이 목록에서 1부터 10까지 순위를 매긴다. 1위 항목은 상상할 수 있는 가장 큰 불안을 유발하는 것으로, 10위 항목은 일정 수준의 불안을 유발하지만 쉽게 다룰 수 있다고 느껴지는 것으로 정한다. 전념행동을 시작할 때는 쉬운 것부터 또는 불안 순위가 가장 낮은 것부터 시작해서 1위 항목까지 순차적으로 진행하는 것이 좋다. 또는 내가 내담자들에게 자주 하는 말과 같이, 수영장의 깊은 곳에 바로 뛰어들지 말고, 발가락을 물에 담그고 그 느낌을 확인한 후 천천히 안으로 걸어가 보는 것처럼 접근하도록 한다.

어떤 전념행동을 할 수 있는가?	무엇을 감수해야 하는가? (예: 생각, 감정, 신체 감각)	어떤 가치를 추구하는 데 도움이 되는가?
1.		
2.		
3.		

어떤 전념행동을 할 수 있는가?	무엇을 감수해야 하는가? (예: 생각, 감정, 신체 감각)	어떤 가치를 추구하는 데 도움이 되는가?
4.		
5.		
6.		
7.		
8.		
9.		

10.		

우울증

우울증이 있는 경우, 특정 시간에 일어나서 하루에 적어도 1가지 이상 작은 일이라도 즐거움이나 성취감을 느낄 수 있는 일하기

낮은 자존감

자존감이 낮은 경우, 전념행동은 자신에 대해 긍정적으로 생각할 수 있는 5가지 이상의 자질, 특성 또는 자신이 잘하는 것을 생각해 내는 것일 수 있다.

완벽주의

완벽주의가 있는 경우, 전념행동은 하루에 15분 정도 자기자비를 실천하는 것일 수 있다.

중독

중독으로 어려움을 겪고 있다면, 앞으로 30일 동안 30번의 중독자 모임에 참석해 볼 수 있다.

분노

화를 참기 힘들다면, 화를 터트리기 전에 잠시 멈춰 마음을 알아차리는 시간을 갖는 것이 전념행동일 수 있다. 상담사를 찾아보거나, 정신건강의학과 전문의에게 약물치료에 대해 상담을 받아보는 것도 전념행동의 좋은 예이다.

ACT 활동: 행동 활성화

이 활동은 우울증을 겪는 사람에게 유용하다. 우울증을 일으키거나 지속시키는 요인 중 하나는 활동 부족이다. 운동은 전념행동의 좋은 예가 될 수 있지만, 여기에서는 운동과 같은 신체 활동만을 의미하는 것이 아니다. 침대에서 일어나게 하거나 즐거움이나 성취감을 느끼게 하는 모든 활동을 의미한다. 우울증으로 어려움을 겪고 있다면 자신에게 의미 있는 활동을 하도록 노력해 보는 것이 좋다. 이때 당신이 찾았던 가치를 다시 떠올려 보는 것이 도움이 될 수 있다. 다음의 몇 가지 예를 살펴보고, 빈칸을 채워 보기 바란다.

요일/시각	전념행동	가치
월요일/오전 7시	건강한 아침식사 만들기	건강관리
월요일/오전 7시 15분	비타민과 약 복용하기	건강관리
월요일/오전 7시 30분	요가하기	건강관리
월요일/오전 8시 30분	10~15분 명상하기	건강관리
월요일/오전 8시 45분	좋아하는 팟캐스트를 들으면서 출근하기	휴식과 여가생활
월요일/오전 9시	일하기	배움/교육/하고 있는 일 (직장, 직업, 그 외 업무 등)
월요일/오후 12시	동료와 점심식사 하기	친구/사회적 관계
월요일/오후 5시	귀가 후에 반려견과 산책하기	자녀 양육하기
월요일/오후 6시	저녁식사 준비하기와 좋아하는 TV 프로그램 보기	휴식과 여가생활

ACT 활동: 의지 또는 행동에의 전념

이번 활동에서는 지난 주차에 가치를 확인한 삶의 영역과 관련된 의지나 전념할 행동을 찾아보도록 한다. 지난주에는 가족관계, 친밀한 관계(연인 또는 배우자), 건강관리 등과 관련된 가치를 확인하기 위해서 '부모님께 1주일에 한 번 전화하고 싶다.' '1주일에 한 번 데이트 하고 싶다.' '1주일에 5번 이상 운동하고 싶다.'와 같은 내용을 피하도록 했으나, 이번 활동에서는 이런 방식으로 내용을 작성하는 것이 필요하다.

□ 가족관계

____

____

____

□ 친밀한 관계(연인 또는 배우자)

____

____

____

□ 자녀 양육하기

____

____

____

□ 친구/사회적 관계

____

____

____

□ 배움/교육/하고 있는 일(직장, 직업, 그 외 업무 등)

____

____

____

□ 휴식과 여가생활

□ 건강관리

□ 영성

□ 사회참여/시민의식

□ 기타

ACT 활동: S.M.A.R.T. 전략으로 성공을 위한 준비 완료

의지나 전념할 행동을 확인할 때, 명심해야 할 몇 가지 사항들이 있다. 매우 흔하고 유용한 약어인, S.M.A.R.T. 전략을 사용해 보기 바란다. S.M.A.R.T. 전략에는 다양한 변형이 있지만, 여기서는 '구체적인(Specific)' '측정 가능한(Measurable)' '가치와 일치하는(Aligned)' '현실적인(Realistic)' '기한이 있는(Time-sensitive)'의 의미로 사용할 것이다. S.M.A.R.T. 전략의 각 부분에 해당하는 전념행동을 적어 보기 바란다.

☐ S: 구체적인

____

____

____

☐ M: 측정 가능한

____

____

____

☐ A: 가치와 일치하는

____

____

____

☐ R: 현실적인

____

____

____

☐ T: 기한이 있는

이제 S.M.A.R.T. 전략에 따른 전념행동을 확인했으니, 각 전념행동이 얼마나 중요한지와 각 전념행동을 해낼 능력에 대해 얼마나 자신 있는지 1점부터 10점까지 점수를 매겨 본다.

각 전념행동의 중요성을 1부터 10까지 점수를 매겨 본다. 여기서 1은 전혀 중요하지 않음을, 10은 매우 중요함을 나타낸다.

각 전념행동을 해낼 수 있다는 자신감은 얼마나 되는가? 여기서 1은 전혀 자신 없음을, 10은 매우 자신 있음을 나타낸다.

위 답변 중 하나라도 7점 미만이면, 더 중요하거나 더 자신 있는 방식으로 전념행동을 수정한다. 예를 들어, 당신이 중독 회복을 위해 노력 중이고 30일 동안 30회의 모임에 참석하는 행동이 중요하지 않다고 생각하거나, 이에 전념할 자신이 없다고 가정해 보자. 아마도 금주에 대한 양가감정이 있을 수도 있다. 이 경우, 중독자 모임에 1번이라도 참석하여 어떤지 살펴보는 것으로 전념행동을 수정할 수 있다.

어려움 예상하기

전념행동을 할 때 어떤 어려움이 생길 수 있는지 확인하는 것도 중요하다. 행동을 하려고 할 때 어떤 어려움이 예상되는가? 이런 어려움은 외적인 것일 수도 있고, 내적인 것일 수도 있다. 예를 들어, 예상되는 어려움이 불안이라면 '이건 절망적이야.'와 같은 생각에서 탈융합하는 연습을 기억해야 할 것이다.

불청객

전념행동을 통해 가치를 추구하는 과정에서 불청객이 찾아올 것이다. 제1부에서 언급한 루미(Rumi)의 시 〈게스트 하우스(The Guest House)〉를 기억하는가? 이 시를 다시 찾아서 읽어 보면, 당신이 기꺼이 맞이할 준비가 필요한 방문자에 대해서 떠올릴 수 있을 것이다. 슬픔이나 기쁨과 같은 다양한 방문자나 경험이 문 앞에 나타날 수 있다. 이런 방문자에 자리를 내주지 않으려고 하는 것도 애초에 곤경에 빠지게 된 이유 중 하나일 수 있다. 그리고 이 모든 것이 보다 활기차고 생동감 넘치는 삶을 만들기 위한 것임을 기억하기 바란다. 사회불안과 우울증이 있는 한 내담자는 '전념행동(새로운 사람을 만나는 것)을 할 때 찾아오는 불청객에게 자리를 내주지 않으면, 자신의 삶이 회색빛으로 물들어 단조롭고 지루하게 될 것'이라고 말했다.

당신은 단조롭고 지루한 삶을 살 것인지, 활기차고 풍요로운 삶을 살 것인지 선택할 수 있지만, 후자를 택한다면 불청객을 기꺼이 맞이해야 할 필요가 있다. 앞의 내담자의 경우에 불청객은 불안 그리고 거절과 판단에 대한 두려움이다. 다른 예로, 어떤 내담자는 바람을 피웠지만, 아내와의 관계를 회복하기 위해 노력하는 과정에서 죄책감과 수치심을 직면하는 데 어려움을 겪고 있었다. 이 경우 죄책감과 수치심은 그가 전념행동에 노력을 기울이는 동안 기꺼이 맞이해야 했던 불청객 중 일부였다. 당신이 기꺼이 맞이해야 할 불청객에는 어떤 것이 있을까?

ACT 활동: 문제해결

이 문제해결 활동지는 전념행동을 찾고, 수행하는 데 도움이 될 수 있다. 실제로 당신이 통제할 수 있는 문제를 찾아내는 것이 중요하다. 예를 들어, 다른 사람의 행동을 바꾸는 것과 같은 목표를 찾는 것은 적절하지 않다.

1. 마음챙김 기술(탈융합, 수용, 현재 순간에 접촉하기, 관찰자 자기)을 사용하여 한발 물러서서 유연한 관점을 취한 다음, 문제를 찾아본다. 무엇이 문제인가?

____

____

____

____

____

2. 목표를 찾고, 이 목표가 당신의 가치와 어떤 관련이 있는지 알아본다. 목표는 무엇이고, 이 목표는 어떤 가치를 추구하는 데 도움이 되는가?

____

____

____

____

____

3. 해결책에 대해 평가하거나 판단하지 말고, 최대한 많이 적어 본다. 떠올릴 수 있는 모든 가능한 해결책에는 어떤 것들이 있는가?

____

____

____

____

____

4. 당신의 가치와 일치하고, 효과가 있을 것으로 예상되는 해결책을 선택한다. 어떤 해결책이 당신의 가치와 일치하고, 가장 효과적일까?

____

____

____

____

____

5. 행동으로 옮겨 본다.

____

____

____

____

____

6. 만약 효과가 없다면, 다른 해결책을 시도하거나 수용과 자기자비를 연습해 본다

과거에 초점을 둔다면

주요한 어려움 중 하나는 '이야기하는 마음'이 과거에 대해 속삭이는 내용에 얽매여 전념행동을 계속하지 못할 것이라고 두려워하는 것이다. 전념행동을 원하는 만큼 해내지 못한 사례가 많을 수 있지만, 분명히 잘한 사례도 있을 것이다. 지난 몇 주 동안 배운 마음챙김 기술을 생각해 보는 것도 도움이 될 수 있으며, 이 기술은 고통을 다른 방식으로 대하는 데도 도움이 될 것이다. 아마도 이전에는 그 고통이 주요한 걸림돌이었겠지만, 이제는 그 고통을 다루고 전념행동을 할 준비가 더 잘 되어 있을 것이다.

미래에 초점을 둔다면

미래에 얽매이는 것도 걸림돌이 될 수 있다. 만약 '이건 희망이 없고 시도할 가치가 없어.'라고 스스로에게 말하고 있다면, 이런 생각과 거리를 두어야 한다. 미래는 실제로 존재하지 않는 상상에 불과하다는 점을 기억하기 바란다. 미래에 대한 생각에 얽매이게 되면, 전념행동을 하는 능력이 제한될 수 있다.

고통과 괴로움의 융합

때때로 사람들은 자신의 고통과 괴로움에 집착하게 되는데, 이것 또한 전념행동을 가로막는 걸림돌이 될 수 있다. 개념화된 자기에 강하게 집착하거나, 실패나 수치심에 대한 두려움으로 가득 차 있거나, 스스로 가치가 없다고 생각한다면, 이는 전념행동을 하는 능력을 제한할 수 있다. 개념화된 자기로부터 탈융합하는 연습을 해 보기 바란다. 가끔은 기꺼이 맞이해야 할 감정이 사실 부정적인 감정이 아니라 긍정적인 감정일 수도 있다.

과거의 실수, 슬픔, 상실

이번 주차는 다른 어떤 주차보다도, 과거의 실패, 슬픔, 그리고 상실감을 떠올릴 가능성이 높다. 자신에게 인내심을 갖고, 너그럽고 친절하게 대하도록 한다. 잃어버린 시간에 대해 자책하지 않도록 하고, 수용과 자기자비를 실천하며, 현재로 돌아와 전념하도록 한다.

자원 확인하기

자원을 확인하는 것은 어려움을 확인하는 것과 마찬가지로 중요한 단계이다. 지난 5주 동안 사용한 모든 도구들을 떠올려 보고, 전념행동을 하는 이유를 기억해 보도록 한다. 이 모든 것은 의미 있는 삶을 만들기 위한 것이다. 당신이 가지고 있는 자원에는 어떤 것이 있는가?

____

____

____

____

____

____

____

____

ACT 활동: 적극적인 의사소통

당신은 다른 사람을 통제할 순 없지만 그들에게 영향을 미칠 수는 있다. 어떻게? 가장 좋은 방법은 적극적인 의사소통(assertive communication)이다. 적극적인 의사소통은 수동적이거나 공격적인 의사소통과 대조된다. 각각의 예를 몇 가지 들어보고, 왜 적극적인 의사소통이 가장 이상적인지 설명하고자 한다.

1. 수동적인 의사소통

수동적으로 의사소통한다는 것은 자신의 감정, 욕구, 필요를 중요하게 생각하지 않고 상대방의 감정, 욕구, 필요를 우선시하는 것을 의미한다. 이렇게 하면 자신의 의견을 분명하게 표현하지 않게 되고, 결과적으로는 원망스러운 감정이 생길 수 있다.

2. 적극적인 의사소통

적극적으로 의사소통한다는 것은 상대방의 감정, 욕구, 필요를 고려하면서도 자신의 의견을 분명하게 표현하는 것을 의미한다. 이렇게 하면 관계가 건강하게 유지된다.

3. 공격적인 의사소통

공격적으로 의사소통한다는 것은 자신의 감정, 욕구, 필요만을 고려한다는 것을 의미한다. 원하는 것을 얻을 수는 있겠지만, 상대방은 더 이상 당신을 좋아하거나 존중하지 않을 수 있다. 이는 장기적인 관계를 유지하기 위한 좋은 방법이 아니다.

적극적인 의사소통을 연습해 보자. 적극적인 의사소통을 한다고 반드시 원하는 결과가 보장되지는 않는다는 사실을 염두에 두어야 한다. 다음 질문에 답하기 전에, 상대방의 입장에서 생각해 보는 것이 도움이 될 수 있다. 마음챙김 기술을 사용하여 상황에 대해 자신이 만든 이야기에서 탈융합한 뒤 상대방의 감정, 욕구, 필요가 무엇인지 상상해 본다. 이것은 상당히 어려울 수 있지만, 이런 어려운 상황을 겪는 자신뿐만 아니라 상대방에 대해서도 자비를 실천하는 것이 도움이 될 수 있다.

1. 현재 상황을 묘사한다. 가능한 한 사실에 근거하고 추측하지 않도록 노력한다. 특히 누군가의 의도에 대한 추측은 하지 않는다(예: '당신은 중요한 일을 까먹었고, 내 감정을 표현했는데도 인정해 주지 않았어.')

   '당신은 ~을(를) 했어.'

   ____

   ____

   ____

2. 감정을 표현한다(예: '~(으)로 인해 나는 상처를 받았고 무시당한 느낌이었어').

   '~(으)로 인해 나는 ~을(를) 느꼈어.'

   ____

   ____

   ____

3. 필요한 것이나 원하는 것을 분명하게 표현한다(예: '내 감정을 존중하고 사과해 주길 바라').

   '나는 ~을(를) 원해.'

   ____

   ____

   ____

다른 사람의 행동이 아닌 자신의 행동만을 통제할 수 있다는 사실을 명심하도록 한다. 때로는 다른 사람으로부터 원하는 것이나 필요한 것을 얻지 못할 때가 있을 수 있는데, 이럴 때일수록 수용과 자기자비를 실천해야 한다.

이건 당신의 삶이다

고통을 피할 순 없다. 전념행동을 해도 고통이 따르고, 하지 않아도 고통이 따른다. 전념행동을 할지 여부는 전적으로 당신의 선택에 달려 있다. 전념행동을 무조건 해야 하는 것은 아니며, 아무도 강요할 수 없다. 단조롭고 지루한 삶을 살고 싶은지, 활기차고 풍요로운 삶을 살고 싶은지는 당신의 선택에 달려 있다. 당신은 아마 이미 회피로 인한 고통을 경험한 적이 있을 것이다. 이것은 당신이 할 수 있는 선택 중 하나이다. 회피로 인한 고통과 가치에 따른 삶을 살면서 느끼게 될 고통 중 하나를 선택할 수 있지만, 어떤 것을 선택하든 고통을 완전히 피할 수는 없다. 거절이나 상실의 고통으로부터 자신을 보호하기 위해 대인관계를 피하는 사람들이 이에 대한 좋은 예이다. 이렇게 할 경우 종종 고립의 고통을 겪게 된다. 따라서 전념행동에는 고통이 따르지만(이 경우 다른 사람들과의 관계를 형성하기 위해 자신의 취약함을 드러내는 것), 회피 역시 고통을 수반한다는 점을 기억하기 바란다. 선택은 당신의 몫이다.

계획 세우기

이번 주차의 작업이 모두 끝났다. 다음 주차에 할 수 있는 최소 5가지 확실한 전념행동을 작성해 보기 바란다.

1. ______________________________
2. ______________________________
3. ______________________________
4. ______________________________
5. ______________________________

연습하기

6주차 연습

이제 전념행동을 알아보았으니, 다음 단계는 실제 행동으로 옮기는 것이다. 다음 주차에는 앞에서 작성한 5가지 전념행동을 실천해 보자.

만약 당신이 의욕을 잃게 된다면, 전념행동이 어떤 가치를 추구하는 데 도움이 되는지 떠올려 보도록 한다. 이것이 자신을 동기부여하는 최선의 방법이다. 기분이 안 좋을 때는 자기자비를 연습해 보도록 한다. 또한 현재 경험하고 있는 불편감 중 일부는 성장통일 수 있고, 가치와 일치하는 방향으로 나아가고 있다는 신호일 수 있다는 점을 떠올리는 것도 도움이 될 수 있다.

6주차 자신을 되돌아보기

6주차를 끝낸 것을 축하한다! ACT의 6가지 핵심 과정을 모두 마무리했다. 당신의 지난 경험을 되돌아보는 시간을 가져 보자.

____

____

____

____

____

7주차

모든 것을 하나로 모으기

ACT의 6가지 핵심 과정을 모두 완수한 것을 축하한다! 여기까지 오는 데 정말 많은 노력이 들었을 것이다. 이번 마지막 주차에는 동기를 유지하고, 필요한 경우 도움이나 지원을 얻는 방법을 알아볼 것이다.

매일 ACT하기

지난 6주 동안 당신은 생각에서 탈융합하고, 수용을 실천하며, 현재 순간에 접촉하고, 자신의 경험을 관찰하고, 가치를 알아보고, 전념행동을 시작하는 방법을 배웠다. ACT의 6가지 핵심 과정은 모두 심리적 유연성을 키워 의미 있는 삶을 사는 데 필요한 행동에 전념할 수 있도록 돕기 위한 것이다. 하지만 의미 있는 삶을 만드는 일은 6주 만에 끝나는 일이 아니다! 의미 있는 삶을 만드는 것은 결코 완료될 수 없으며, 지속적인 전념행동이 필요한 과정이다.

이번 마지막 주차에는 ACT의 핵심 과정을 매일 실천하는 방법에 중점을 둘 것이다. 다른 것들과 마찬가지로 시간이 지날수록 더 수월해질 것이다. 예를 들어, 불과 6주 전에 당신은 다양한 탈융합 전략들을 배웠다. 이런 전략들을 연습해 오면서 '이야기하는 마음'이 만들어 내는 생각 중 일부는 특히 설득력이 있어 보이거나, 매우 완고해서 벗어나기 어렵다는 것을 알아차렸을 것이다. 어쩌면 '난 부족해.'라는 이야기일 수도 있고, '이 사람이 나를 부당하게 대했어.'라는 이야기일 수도 있다. 오랜 역사를 가지고 있거나 강한 감정이 담긴 이야기에서 탈융합하는 방법을 배우는 데는 시간이 걸린다. 자신에게 인내심을 갖고 친절하게 대하며 계속 연습해 보자. 성공과 실패가 중요한 것이 아니라 의미 있는 삶을 살아가는 것이 중요하다는 것을 명심하기 바란다.

퀴즈 생각과 감정이 나를 통제하고 있는가

제1부에서 했던 퀴즈를 기억하는가? 지난 6주 동안의 변화를 확인하기 위해 다시 한 번 해 보자.

문항	전혀 그렇지 않다	드물게 그렇다	가끔 그렇다	자주 그렇다	항상 그렇다
1. 생각을 멈추거나 통제하고 싶다.	1	2	3	4	5
2. 생각이 곧 나라고 믿는다.	1	2	3	4	5
3. 참을 수 없거나 용납할 수 없는 생각이 있다.	1	2	3	4	5
4. 생각에 집중하지 않으려고 노력한다.	1	2	3	4	5
5. 생각이 삶을 살아가는 데 방해가 된다.	1	2	3	4	5
6. 감정을 멈추거나 통제하고 싶다.	1	2	3	4	5
7. 내 감정이 문제라고 생각한다.	1	2	3	4	5
8. 내 감정이 나쁘다고 생각하거나 내가 이런 감정을 느끼면 안 된다고 생각한다.	1	2	3	4	5
9. 감정을 느끼지 않으려고 하거나 피하려고 한다.	1	2	3	4	5
10. 감정이 삶을 살아가는 데 방해가 된다.	1	2	3	4	5
점수					
총점 =					

당신의 점수는 32페이지의 결과와 비교해서 어떻게 달라졌는가? 점수가 상승했는가, 감소했는가, 아니면 그대로인가? 점수가 감소했다면 엄청난 일을 해낸 것이다! 이는 당신이 생각에 덜 얽매이고, 감정을 더 수용하며, 이런 것들이 더 이상 의미 있는 삶을 살아가는 데 방해가 되지 않는다는 것을 의미한다. 하지만 점수가 상승했거나 그대로라면, 그 이유를 생각해 보는 것이 중요하다. 점수가 상승했든 그대로든 낙담하지 않아도 된다. 단지 더 많은 연습이 필요한 것뿐이다. 점수의 변화가 무엇을 의미하는지 생각해 보는 시간을 가져 보자.

습관화하기

지난 6주 동안 배운 활동들을 더 자주, 더 꾸준히 실천한다면, 자연스럽게 습관이 될 것이다. 탈융합을 예로 들어 생각해 보자. 아마도 이 책을 처음 시작했을 때 '난 성가신 사람이야.' '난 멍청해.' 같은 생각으로 상당히 괴로웠을 수 있지만, 탈융합을 연습한 뒤에는 이런 생각들로 인해 더 이상 괴롭지 않다는 것을 알아차렸을 것이다. 또는 3주차 이전에는 일상 활동을 주로 무의식적으로 하거나 생각 없이 반복했을 가능성이 있다. 그러나 매일 간단한 마음챙김 연습을 하고 있다면, 생각에 덜 반응하거나 중요한 순간에 멈추고 잠시 생각할 수 있는 능력이 향상되었을 것이다. 아마도 하루 내내 현재 순간에 더 접촉하고 있다고 느껴질 것이다. 이것은 당신이 사용해 온 전략들이 습관이 되어 삶에 지속적으로 영향을 줄 수 있음을 보여 주는 좋은 예이다. 계속 연습해 보도록 하자!

의미 있는 삶

지난 6주 동안 배운 기술, 특히 탈융합, 수용, 마음챙김, 자신의 경험 관찰하기를 더 많이 연습할 수록, 가치와 일치하는 행동을 할 수 있게 도와주는 심리적 유연성을 더욱 키울 수 있어 의미 있는 삶을 살 수 있게 될 것이다.

앞으로의 여정을 위한 계획

지난 6주 동안 배운 내용은 많은 면에서 시작에 불과하다. 당신은 ACT의 6가지 핵심 과정을 접했으며, 여기에는 앞으로도 계속해서 연습하고 실천할 수 있는 다양한 기술과 활동이 포함되어 있다. 아마도 지금은 이전에 비해 생각과 더 거리를 두고, 감정을 더 수용하는 경향이 있을 것이다. 여전히 어려움을 겪고 있다면, 전념행동을 통해 가치를 추구하기 위한 목적을 가지고 심리적 유연성을 키우는 기술을 계속해서 연습해야 하며, 그 과정에서 인내심을 가지고 스스로를 너그럽고 친절하게 대해야 한다는 것을 잊지 말기 바란다. 누구든 변화를 시도할 때 두려울 수 있다. '버스 승객' 비유를 기억하는가? 변화에 전념하는 동안 두려움, 의심, 불안과 같은 승객 중 일부가 소란을 피우고 있다고 상상해 보자. 기억해야 할 것은 당신이 버스 운전사라는 사실이다. 버스 승객들이 당신에게 하는 말에 귀 기울일 필요는 없다. 이제 당신은 가치의 방향으로 버스를 운전하는 데 필요한 도구를 가지고 있다.

ACT 활동: **모든 것을 하나로 모으기**

이 활동지는 전념행동을 통해 가치를 추구하는 과정에서 사용할 수 있는 전략과 기술을 상기시키는 데 도움이 될 것이다.

☐ 시도하려는 전념행동이 무엇인가?

____

____

____

□ 어떤 생각이 떠오르는가?

□ 생각에서 탈융합하고, 마음챙김을 사용하여 현재 순간에 접촉하기

어떤 감정이 느껴지는가?	어떤 신체 감각이 느껴지는가?

□ 자신의 경험을 수용하고, 관찰자 자기와 연결하는 연습하기

어떤 가치를 추구하기 위해 하는 전념행동인가? 불편한 생각, 감정, 신체 감각이 나타나더라도 여전히 그 행동을 기꺼이 할 의향이 있는가? 이런 생각, 감정, 신체 감각을 친절하게 대하면서 가치와 일치하는 행동에 전념할 수 있는가?

확인과 재조정

순간순간의 과정에만 집중하면 큰 그림을 놓치거나 낙담할 수 있기 때문에 전념행동에 더 집중해야 함을 명심하자. 즉, 자신이 어떻게 해내고 있는지 계속해서 확인하는 것이 중요하다. 자신이 가치를 향해 나아가고 있는지, 전념행동을 잘하고 있는지 점검해 보는 시간을 갖기 바란다.

ACT 활동: **확인과 재조정**

삶의 각 영역에서 가치에 다가가기 위해 당신이 어떤 노력을 기울이고 있는지 적어 보기 바란다.

☐ 가족관계

____

____

____

☐ 친밀한 관계(연인 또는 배우자)

____

____

____

☐ 자녀 양육하기

____

____

____

☐ 친구/사회적 관계

____

____

____

☐ 배움/교육/하고 있는 일(직장, 직업, 그 외 업무 등)

☐ 휴식과 여가생활

☐ 건강관리

☐ 영성

☐ 사회참여/시민의식

☐ 기타

원하는 만큼의 진전이 이루어지지 않는다면, 어떤 걸림돌이 있는지 살펴보기 바란다. 생각에 얽매여 있거나 받아들이기 어려운 감정이나 신체 감각이 있는가? 그렇다면 어떤 전략을 사용할 수 있을까? 이전 주차 내용들을 참고하는 것이 도움이 될 수 있다.

성공과 실패의 문제가 아니다

'이야기하는 마음'은 성공과 실패에 대한 이야기를 만드는 경향이 있다. '이야기하는 마음'이 당신에게 말하는 것을 알아차리기 위해 그동안 배운 활동을 계속 연습하는 것이 특히 중요하다. 많은 측면에서 '이야기하는 마음'은 의미 있는 삶을 사는 데 있어 가장 큰 걸림돌이다. '이야기하는 마음'은 당신이 의미 있는 삶을 만들기 위해 노력할 때, 당신은 부족하고, 그럴 자격도 없으며, 모든 것이 절망적이라고 말하기 시작할 수 있다. 그럴 때는 1주차로 돌아가서 몇 가지 탈융합 활동을 다시 연습해 보도록 한다. 지금까지 달성한 가장 큰 성과를 떠올려 보는 것도 도움이 될 수 있다. 우리는 종종 너무 부정적으로 생각하여 어려움에만 집중하고 자신의 성취에는 충분한 주의를 기울이지 않는다. 따라서 2가지 측면을 좀 더 균형 잡힌 관점으로 함께 살펴보는 것이 중요하다.

ACT 활동: 지금까지의 가장 큰 성취와 어려움

당신이 이룬 가장 큰 성취와 마주한 가장 큰 어려움을 돌아보며, 앞으로의 계획을 세우는 데 있어 이 중 어떤 내용이 도움이 될지 생각해 보자.

____

____

____

____

____

____

____

동기 유지하기

가끔 힘들고 절망적으로 느껴져도 괜찮다. 모든 사람들이 그런 순간을 겪는다. 그런 감정들을 받아들이는 것도 필요한 과정 중 하나일 것이다. 그렇긴 하지만, 처음에 전념행동을 하려고 했던 이유와 이런 행동을 하지 않을 경우 어떤 대가나 결과가 나타날 수 있는지 다시 생각해 보는 것이 도움이 될 수 있다. 특히, 불안, 두려움, 의심과 같은 손님이나 승객이 소란을 피울 경우에는 더욱 그렇다.

ACT 활동: **동기 유지하기**

전념행동을 통해 얻을 수 있는 이점과 대가를 다시 한번 살펴보자.

전념행동을 할 때 이점	전념행동을 할 때 대가
전념행동을 하지 않을 때 이점	**전념행동을 하지 않을 때 대가**

계속 시도하기

낙담하고 있다면, 너무 비현실적인 목표를 세운 것이 그 이유 중 하나일 수 있다. 비현실적인 목표는 실망을 가져올 수 있다. 그럴 때는 163페이지에 작성한 일부 전념행동을 좀 더 실현 가능한 수준으로 바꾸는 것이 도움이 될 수 있다.

ACT 활동: S.M.A.R.T. 전념행동 수정하기

☐ S: 구체적인

___

___

___

☐ M: 측정 가능한

___

___

___

☐ A: 가치와 일치하는

___

___

___

☐ R: 현실적인

___

___

___

☐ T: 기한이 있는

___

___

___

이제 각 전념행동에 대해 얼마나 중요한지와 각 전념행동을 해낼 능력에 대해 얼마나 자신 있는지 1점부터 10점까지 점수를 매겨 본다.

각 전념행동의 중요성을 1부터 10까지 점수를 매겨 본다. 여기서 1은 전혀 중요하지 않음을, 10은 매우 중요함을 나타낸다.

___

___

각 전념행동을 해낼 수 있다는 자신감은 얼마나 되는가? 여기서 1은 전혀 자신 없음을, 10은 매우 자신 있음을 나타낸다.

___

___

앞의 답변 중 하나라도 7점 미만이면, 더 중요하거나 더 자신 있는 방식으로 전념행동을 수정하기 바란다.

핵심 요점

이 책에서 중요한 몇 가지만 꼭 기억해 두면 좋겠다.

1. 마음이 하는 이야기를 믿지 않아도 된다.
2. 감정 자체는 문제가 아니며, 그저 감정이 전달하려는 이야기를 듣는 것이 중요하다.
3. 가치에 집중한다.
4. 전념행동을 유지한다.
5. 변화를 도모할 때 자신에게 친절하게 대한다.

ACT 활동: **자기자비 연습**

힘들거나 낙담하는 마음이 들 때는 자기자비를 연습해 보기 바란다. 다음과 같이 3가지 간단한 단계로 자기 자신에게 말하며 연습할 수 있다.

1. '내 생각에서 탈융합하고, 현재 감정에 접촉하며, 경험을 관찰하는 것은 어려운 일이야. 내 가치를 향해 다가가는 전념행동을 하는 것도 쉽지 않아.'
2. '난 혼자가 아니야. 다른 사람들도 비슷한 어려움을 겪어.'
3. '의미 있는 삶을 살기 위해 계속 노력하면서 나 자신에게 인내심을 가지면서 친절하고 너그럽게 대하도록 하자.'

한 걸음씩 나아가기

등산 비유를 기억하는가? 때로는 등산로의 초입에서 '이야기하는 마음'이 '넌 절대 못 해낼 거야!'라고 말할 수 있다. 하지만 한 걸음 한 걸음 올라가다 보면 결국 정상에 도달하게 된다. 등산 도중에 휴식이 필요한 순간이 있을 수 있다. 필요할 때는 잠시 멈추는 것이 중요하다. 때로는 낙담하여 다시 내려가고 싶다는 생각이 들 수도 있다. 이럴 때는 '이야기하는 마음'에서 탈융합하여 힘든 감정을 수용하는 연습을 하고, 전념행동을 하는 이유를 기억하기 위해 최선을 다하도록 한다. 어떤 가치를 추구하기 위해 노력하는 것인가? 되돌아가는 것에 대한 대가는 무엇인가? 전념행동이 더 의미 있는 삶을 만드는 데 도움이 되는가? 지그재그로 가는 길도 여정의 일부임을 명심하도록 한다. 때로는 미끄러지거나 후퇴할 수 있다. 이 모든 것이 배우고 성장하는 과정이다. 당신의 가치와 전념행동을 충실히 지키기 위해 최선을 다하고, 방향에 집중하며 한 걸음씩 나아가기 바란다. 그리고 휴식을 취하면서 경치를 감상하는 시간을 가져 보기 바란다. 지금까지 걸어온 길을 되돌아보며 실제로 얼마나 멀리 왔는지 확인할 수 있는 소중한 순간이다.

지원 체계 구축하기

특히 길을 잃거나 막막하다고 느끼거나, 그렇지 않더라도 지원 체계를 구축하는 것을 고려해 보는 것이 좋을 수 있다. 지원은 상담사 찾기, 약물치료 고려하기, 치료적 집단 찾기, 기타 자원 이용하기 등 다양한 형태로 이루어질 수 있다.

상담사 찾기

어떤 일을 혼자서 해내는 것은 항상 더 어렵다. 이는 상담사를 찾으려는 이유 중 하나일 수 있다. 맥락적행동과학회(Association for Contextual Behavioral Science) 웹사이트(contextualscience.org)를 통해 ACT 전문 상담사를 찾을 수 있다. 또한 Psychology Today(psychologytoday.com/us/therapists)를 통해서도 공인심리학자를 찾을 수 있다. 만약에 거주지 근처에서 ACT 전문 상담사를 찾을 수 없더라도 걱정할 필요는 없다. 연구에 따르면 상담사가 사용하는 상담 이론보다는 상담자와의 관계가 상담 효과에 더 큰 영향을 미친다고 알려져 있다. 따라서 상담사에 대한 생각보다는 상담사에 대한 느낌에 더 집중하는 것이 중요하다(감정은 당신에게 무언가를 전달하려고 한다. 그걸 기억하기 바란다!). 상담사가 진실하고 진정성 있어 보이는가? 상담사가 당신의 말을 경청하고, 이해하고, 존중하고 있다고 느끼는가? 상담사와 함께 있으면 안전하다는 느낌을 받는가? 이런 요소들이 상담사를 선택하는 데 가장 중요한 것들이다.

약물치료

사람들은 때때로 약물치료에 대한 오해나 의구심을 가지고 있는데, 이는 매우 안타까운 일이다. 앞서 감정은 문제가 아니라는 것과 고통은 인간이 겪는 자연스러운 경험이라는 것을 강조한 뒤, 여기서 약물을 잠재적인 지원 수단으로 권장하는 것은 모순적으로 보일 수 있다. 이것은 여전히 사실이지만 약물치료는 때때로 ACT의 6가지 핵심 과정을 더 잘 수행할 수 있도록 도움을 줄 수 있다. 예를 들어, 우울한 내담자는 특히 생각에서 탈융합하는 데 어려움을 겪을 수 있으나, 항우울제를 복용하기 시작하면 탈융합이 더 쉬워질 수 있다. 불안한 내담자가 약물치료를 받으면 약물치료를 받지 않았을 때 감당하기 어려웠던 전념행동을 더 잘할 수 있게 된다. 여전히 곤경에 빠진 느낌이 들고 지난 6주 동안 배운 기술을 사용하는 데 어려움을 겪고 있다면, 근처에 있는 정신건강의학과 전문의를 찾아 어떤 약물이 도움이 될 수 있는지 상담해 볼 수 있다. 약물치료는 보다 의미 있는 삶을 추구하는 데 도움을 줄 수 있다.

치료적 집단

치료적 집단에 참여해 보는 것도 고려해 볼 수 있다. 사회불안 집단상담, 익명의 중독자모임(AA/NA), 스마트(SMART) 회복집단* 등 현재 겪고 있는 어려움에 특화된 치료적 집단을 찾을 수 있다. 또한 마음챙김 커뮤니티나 명상 그룹을 찾아 꾸준히 연습하는 데 도움을 받는 것도 좋다. 일정 기간 명상 수련을 받는 것도 시도해 볼 수 있지만, 그 전

---

*역자 주: 스마트 회복집단(Self-Management and Recovery Training: SMART Group)은 술, 도박, 음식, 쇼핑, 인터넷, 성중독 등 다양한 중독과 관련된 어려움을 경험하는 사람들을 위한 자조 및 상호연대 집단을 말한다. 온라인 자조집단, 가족 및 친구 지지집단, 대처기술 습득 훈련 등의 프로그램으로 구성되어 있으며, 인지행동치료와 동기강화상담을 비롯한 개인의 목표달성을 위한 기술들을 활용하여 중독으로부터의 회복을 돕는다.

에 하루 정도 수련을 해 보는 것을 추천한다. 마음챙김 기반 집단에 관심이 있다면 제1부에서 언급했던 다음과 같은 프로그램도 고려해 보기 바란다. 우울증이 심한 경우라면, 마음챙김 기반 스트레스 감소 프로그램(MBSR), 마음챙김 자기자비 프로그램(MSC), 마음챙김 기반 인지치료(MBCT)를, 회복 중이라면 마음챙김 기반 재발방지 프로그램(MBRP)을 고려해 볼 수 있다.

기타 도움이 되는 자원들

'부록'(p. 196)에는 내가 가장 좋아하는 정신건강 관련 온라인 서비스 중 하나인 HelpGuide.org가 포함되어 있다. 또한 Headspace와 같은 인기 앱들과, 영어와 스페인어로 훌륭한 무료 명상 자료를 제공하는 UCLA 마음챙김연구센터 웹사이트 등 마음챙김 관련 정보 등이 포함되어 있다.

ACT 활동: 지난 7주를 되돌아보며 자신에게 쓰는 편지

마지막 주차의 마지막 활동은 자신에게 편지를 쓰는 것이다. 길을 잃거나 곤경에 빠졌을 때 다시 참고할 수 있도록 이 책을 읽으며 얻은 교훈을 적어 보자. 당신의 가치에 따라 의미 있는 삶을 향해 나아가고 있다는 것을 명심하길 바란다. 마지막으로, 항상 자신에게 인내심을 가지고 친절하고 너그럽게 대하는 것을 잊지 않도록 한다.

계속 나아가기

기억해야 할 점은 '이야기하는 마음'이 어떤 이야기를 하든, 때로는 절망적이거나 낙담할 때가 있더라도 당신은 결코 망가진 게 아니라는 것이다. 당신은 이미 그 자체로도 완전하며, 의미 있는 삶을 살아가는 데 필요한 모든 것을 가지고 있다.

부록

웹사이트

- 맥락적행동과학회(Association for Contextual Behavioral Science: ACBS)
  www.contextualscience.org/acbs
- HelpGuide
  www.helpguide.org
- Psychology Today
  www.psychologytoday.com/us/therapists
- 임상심리학회, 미국심리학회 제12분과(Society of Clinical Psychology, Division 12 of the APA)
  www.div12.org

마음챙김 웹사이트

- UCLA 마음챙김연구센터(UCLA Mindful Awareness Research Center: MARC)
  www.uclahealth.org/marc/mindful-meditations

마음챙김 앱

- Calm
  www.calm.com
- Headspace
  www.headspace.com
- Insight Timer
  www.insighttimer.com
- JKZ Series 1, 2, or 3
  www.mindfulnessapps.com
- The Mindfulness App
  www.themindfulnessapp.com

마음챙김 프로그램

- 마음챙김 기반 인지치료(Mindfulness-Based Cognitive Therapy: MBCT)
  www.mbct.com
- 마음챙김 기반 재발예방 프로그램(Mindfulness-Based Relapse Prevention: MBRP)
  www.mindfulrp.com
- 마음챙김 기반 스트레스 감소 프로그램(Mindfulness-Based Stress Reduction: MBSR)
  www.umassmed.edu/cfm/mindfulness-based-programs/mbsr-courses/find-an-mbsr-program/
- 마음챙김 자기자비 프로그램(Mindful Self-Compassion: MSC)
  www.chrisgermer.com www.self-compassion.org

참고문헌

A-Tjak, J. G. L., M. L. Davis, N. Morina, M. B. Powers, J. A. J. Smits, and P M G. Emmelkamp. "A Meta-Analysis of the Efficacy of Acceptance and Commitment Therapy for Clinically Relevant Mental and Physical Health Problems." *Psychotherapy and Psychosomatics* 84, no. 1 (2015): 30–36. https://doi-org.lib.pepperdine.edu/10.1159/000365764.

Abramowitx, J. S., D F. Tolin, and G. P. Street. "Paradoxical Effects of Thought Suppression: A Meta-Analysis of Controlled Studies." *Clinical Psychology Review* 21 (2001): 683–703. https://doi.org/10.1016/S0272-7358(00)00057-X.

Bach, P., and S. C. Hayes. "The Use of Acceptance and Commitment Therapy to Prevent the Rehospitalization of Psychotic Patients: A Randomized Controlled Trial." *Journal of Consulting and Clinical Psychology* 70 (2002): 1129–1139. https://doi.org/10.1037//0022-006x.70.5.1129.

Bohlmeijer, E. T., M. Fledderus, T. A. J. J. Rokx, and M. E. Pieterse. "Efficacy of an Early Intervention Based on Acceptance and Commitment Therapy for Adults with Depressive Symptomatology: Evaluation in a Randomized Controlled Trial." *Behaviour Research and Therapy* 49, no. 1 (2011): 62–67. doi-org.lib.pepperdine.edu/10.1016/j.brat.2010.10.003.

Bond, F. W., and D. Bunce. "Mediators of Change in Emotion-Focused and Problem-Focused

Worksite Stress Management Interventions." *Journal of Occupational Health Psychology* 5, no. 1 (2003): 156–163. https://doi.org/10.1037/1076-8998.5.1.156.

Cahn, B. R., and J. Polich. "Meditation States and Traits: EEG, ERP, and Neuroimaging Studies." *Psychology of Consciousness: Theory, Research, and Practice* 1, no. S (2013): 48–96. https://doi.org/10.1037/0033-2909.132.2.180.

Campbell-Sills, L., D. H. Barlow, T. A. Brown, and S. G. Hofmann. "Effects of Suppression and Acceptance on Emotional Responses of Individuals with Anxiety and Mood Disorders." *Behaviour Research and Therapy* 44, no. 9(2006): 1251–1263. https://doi.org/10.1016/j.brat.2005.10.001.

Chambers, R., B. C. Y. Lo, and N. B. Allen. "The Impact of Intensive Mindfulness Training on Attentional Control, Cognitive Style, and Affect." *Cognitive Therapy and Research* 32, no. 3 (2007): 303–322. https://doi.org/10.1007/s10608-007-9119-0.

Chiesa, A., and A. Serretti. "Psychological and Neuro-biological Mechanisms of Actions of Mindfulness Meditations." *Psichiatria e Psicoterapia* 28, no. 4(2009): 260–280. Retrieved from https://search-ebscohost-com.lib.pepperdine.edu/login.aspx?direct=true&db=psyh&AN=2010-09484-002&login.asp%3fcustid%3ds8480238&site=ehost-live&scope=site.

Creswell, J. D., B. M. Way, N. I. Eisenberger, and M. D. Lieberman. "Neural Correlates of Dispositional Mindfulness During Affect Labeling." *Psychosomatic Medicine* 69, no. 6 (2007): 560–565. https://doi.org/10.1097/PSY.0b013e3180f6171f.

Dalrymple, K. L., and J. D. Herbert. "Acceptance and Commitment Therapy for Generalized Social Anxiety Disorder: A Pilot Study." *Behavior Modification* 31, no. 5 (2007): 543–568. https://doi.org/10.1177/0145445507302037.

Davidson, R. J. "Affective Style, Psychopathology, and Resilience: Brain Mechanisms and Plasticity." *American Psychologist* 55, no. 11 (2000): 1196–1214. https://doi.org/10.1037/0003-066X.55.11.1196.

Davidson, R. J., D C. Jackson, and N. H. Kalin. "Emotion, Plasticity, Context, and Regulation: Perspectives from Affective Neuroscience." *Psychological Bulletin* 126, no. 6 (2010): 890–

909. https://doi.org/10.1037/0033-2909.126.6.890.

Davidson, R. J., J. Kabat-Zinn, J. Schumacher, M. Rosenkranz, D. Muller, S. F. Santorelli, and J F. Sheridan. "Alterations in Brain and Immune Function Produced by Mindfulness Meditation." *Psychosomatic Medicine* 66 (2003): 149–152. https://doi.org/10.1097/01.psy.0000116716.19848.65.

Farb, N. A. S., A. K. Anderson, H. Mayberg, J. Bean, D. McKeon, and Z. V. Segal. "Minding One's Emotions: Mindfulness Training Alters the Neural Expression of Sadness." *Emotion* 10 (2010): 25–33. https://doi.org/10.1037/a0017151.supp.

Gaudiano, B. A., and J. D. Herbert. "Acute Treatment of Inpatients with Psychotic Symptoms Using Acceptance and Commitment Therapy: Pilot Results." *Behaviour Research and Therapy* 44, no. 3 (2005): 415–437. https://doi.org/10.1016/j.brat.2005.02.007.

Hayes, S. C., A. Masuda, R. Bissett, J. Luoma, and L. F. Guerrero. "DBT, FAP and ACT: How Empirically Oriented are the New Behavior Therapy Technologies?" *Behavior Therapy* 35, no. 1 (2004): 35–54. https://doi.org/10.1016/S0005-7894(04)80003-0.

Hoffman, S. G., A. T. Sawyer, A. A. Witt, and D. Oh. "The Effect of Mindfulness-Based Therapy on Anxiety and Depression: A Meta-analytic Review." *Journal of Consulting and Clinical Psychology* 78 (2010): 169–183. https://doi.org/10.1037/a0018555.

Jha, A. P., E. A. Stanley, A. Kiyonaga, L. Wong, and L. Gelfand. "Examining the Protective Effects of Mindfulness Training on Working Memory Capacity and Affective Experience." *Emotion* 10 (2010): 54–64. https://doi.org/10.1037/a0018438.

Lambert, M. J., and D. E. Barley. "Research Summary on the Therapeutic Relationship and Psychotherapy Outcome." *Psychotherapy: Theory, Research, Practice, Training* 38, no. 4 (2001): 357–361. https://doi.org/10.1037/0033-3204.38.4.357.

Moore, A., and P. Malinowski. "Meditation, Mindfulness and Cognitive Flexibility." *Consciousness and Cognition* 18 (2009): 176–186. https://doi.org/10.1016/j.concog.2008.12.008.

Neff, K. D., S. S. Rude, and K. Kirkpatrick. "An Examination of Self-Compassion in Relation to Positive Psychological Functioning and Personality Traits." *Journal of Research in Personality*

41 (2007): 908–916.

Ortner, C. N. M., S. J. Kilner, and P. D. Zelazo. "Mindfulness Meditation and Reduced Emotional Interference on a Cognitive Task." *Motivation and Emotion* 31 (2007): 271–283. https://doi.org/10.1007/s11031-007-9076-7.

Ossman, W. A., K. G. Wilson, R. D. Storaasli, and J. W. McNeill. "A Preliminary Investigation of the Use of Acceptance and Commitment Therapy in a Group Treatment for Social Phobia." *International Journal of Psychology & Psychological Therapy* 6, no. 3 (2006): 397–416. Retrieved from www.search-ebscohost-com.lib.pepperdine.edu/login.aspx?direct=true&db=psyh&AN=2007-00820-008&login.asp%3fcustid%3ds8480238&site=ehost-live&scope=site.

Robins, C., S. Keng, A. G. Ekblad, and J. G. Brantley. "Effects of Mindfulness-Based Stress Reduction on Emotional Experience and Expression: A Randomized Controlled Trial." *Journal of Clinical Psychology* 68, no. 1 (2012): 117–131. https://doi.org/10.1002/jclp.20857.

Roemer, L., S. M. Orsillo, and K. Salters-Pedneault. "Efficacy of an Acceptance-Based Behavior Therapy for Generalized Anxiety Disorder: Evaluation in a Randomized Controlled Trial." *Journal of Consulting and Clinical Psychology* 76, no. 6 (2008): 1083–1089. https://doi.org/10.1037/a0012720.supp.

Ruiz, F. J. "A Review of Acceptance and Commitment Therapy (ACT) Empirical Evidence: Correlational, Experimental Psychopathology, Component and Outcome Studies." *International Journal of Psychology & Psychological Therapy* 10, no. 1 (2010): 125–162.

Siegel, D. J. "Mindfulness Training and Neural Integration: Differentiation of Distinct Streams of Awareness and the Cultivation of Well-Being." *Social Cognitive and Affective Neuroscience* 2, no. 4 (2007): 259–263. https://doi.org/10.1093/scan/nsm034.

Smout, M. F., M. Longo, S. Harrison, R. Minniti, W. Wickes, and J. M. White. "Psychosocial Treatment for Methamphetamine Use Disorders: A Preliminary Randomized Controlled Trial of Cognitive Behavior Therapy and Acceptance and Commitment Therapy." *Substance Abuse* 31, no. 2 (2010): 98–107. https://doi.org/10.1080/08897071003641578.

Twohig, M P., S C. Hayes, and A. Masuda. "Increasing Willingness to Experience Obsessions: Acceptance and Commitment Therapy as a Treatment for Obsessive-Compulsive Disorder." *Behavior Therapy* 37, no. 1 (2005): 3–13. https://doi.org/10.1016/j.beth.2005.02.001.

Vollestad, J., G H. Nielson, and B. Sivertsen. "Mindfulness-Based Stress Reduction for Patients with Anxiety Disorders: Evaluation in a Randomized Controlled Trial." *Behaviour Research and Therapy* 49, no. 4 (2011): 281–288. https://doi.org/10.1016/j.brat.2011.01.007.

Wenzlaff, R. M., and D M. Wegner. "Thought Suppression." *Annual Review of Psychology* 51 (2000): 59–91. https://doi.org/10.1146/annurev.psych.51.1.59.

찾아보기

인명

내용

저자 소개

Carissa Gustafson, PsyD

미국 캘리포니아주 로스엔젤레스에서 활동하는 공인임상심리학자이다. 그녀는 경험적 근거에 기반한 치료를 강조하며, 수용전념치료(ACT)와 같은 제3세대 인지행동치료(CBT)를 전문으로 한다. 그녀는 성인 진입기에 있는 사람들과 젊은 전문가들이 고통을 수용과 자비심으로 대하고 의미 있는 삶을 구축하는 방법을 배울 수 있도록 돕는 것을 사명으로 생각한다. 구스타프손 박사는 산타클라라 대학교(Santa Clara University)와 컬럼비아 대학교(Columbia University)에서 각각 심리학 학사 학위와 석사 학위를 취득한 후, 미국심리학회(APA)의 인증을 받은 페퍼다인 대학교 임상심리학 박사 프로그램에서 박사 학위를 취득했다. 그녀는 현재 로스엔젤레스 다운타운에서 골든 아워 테라피(Golden Hour Therapy)의 일원으로 내담자를 만나고 있으며, 페퍼다인 대학교(Pepperdine University)에서 겸임교수로 강의하고 있다. 더 자세한 정보는 DrCarissaGustafson.com에서 확인할 수 있다.

역자 소개

조성근(Cho, Sungkun)

미국 하와이주립대학교 박사(임상심리학 전공)

현 충남대학교 심리학과 교수

충남대학교 심리성장과자기조절센터 센터장

유현경(Yoo, Hyunkyung)

충남대학교 심리학과 박사과정(임상심리학 전공)

현 충남대학교 심리성장과자기조절센터 선임연구원

조성우(Jo, Seongwoo)

충남대학교 심리학과 박사과정 수료(임상심리학 전공)

전 충남대학교 심리학과 강사

충남대학교 심리성장과자기조절센터 선임연구원

새로운 삶의 시작 수용전념치료

ACT 7주 프로그램

Reclaim Your Life: Acceptance & Commitment Therapy in 7 Weeks

2024년 2월 20일 1판 1쇄 인쇄
2024년 2월 25일 1판 1쇄 발행

지은이 • Carissa Gustafson
옮긴이 • 조성근 · 유현경 · 조성우
펴낸이 • 김진환
펴낸곳 • (주) 학지사

04031 서울특별시 마포구 양화로 15길 20 마인드월드빌딩
대표전화 • 02)330-5114 **팩스** • 02)324-2345
등록번호 • 제313-2006-000265호

홈페이지 • http://www.hakjisa.co.kr
인스타그램 • https://www.instagram.com/hakjisabook

ISBN 978-89-997-3044-3 93180

정가 18,000원

역자와의 협약으로 인지는 생략합니다.
파본은 구입처에서 교환해 드립니다.